# 森と水と島の話

## 天売島応援プロジェクトと達人たち

吉井厚志

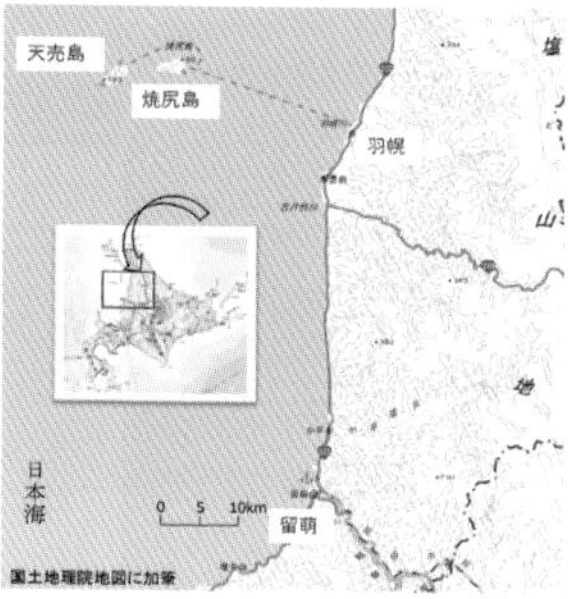


天売島位置図

天売島応援プロジェクト箇所図

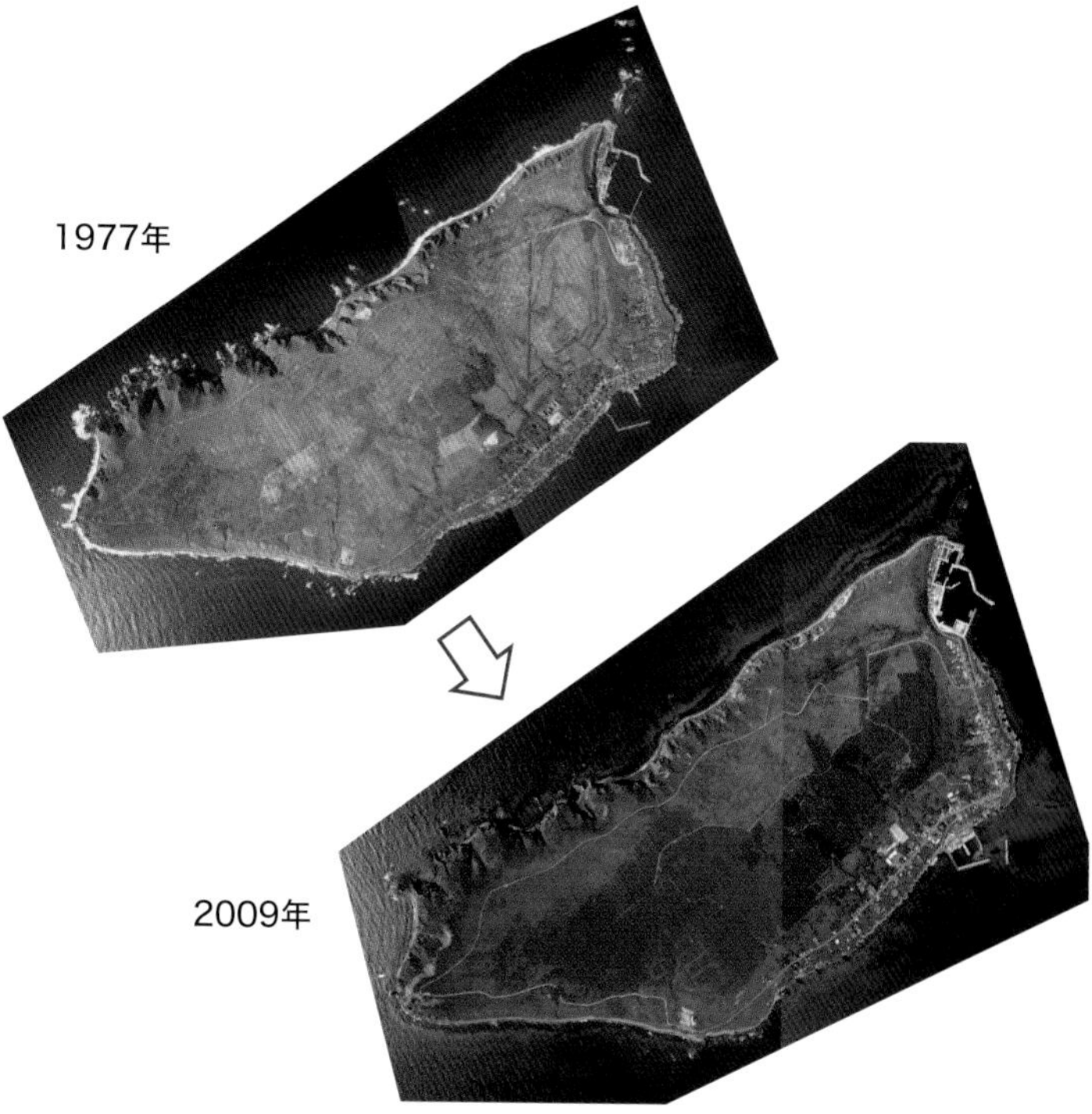


天売島の水源林再生（国土地理院空中写真）

天売島の絶景（齊藤暢さんより）

焼尻島のサフォーク牧場

焼尻島のエゾエンゴサク

焼尻島から天売島を望む

天売島のウミガラス（齊藤暢さんより）

天売島のケイマフリ（齊藤暢さんより）

ケイマフリとウニ漁（齊藤暢さんより）

天売島のシーカヤック（齊藤暢さんより）

ウニの収穫（齊藤暢さんより）

天売島のウニ丼

ウニの網焼き（齊藤暢さんより）

アワビのステーキ

天売島のヤリイカのバーベキュー

天売島で食べた焼尻サフォーク

ムラサキイガイとホタテ

アルミホイル焼きにするサクラマス

達人の作った海鮮パエリア

海鮮バーベキュー

2013年天売小学校「島と海と森の話」授業
（表紙絵のイマイカツミさんも参加）

2013年天売小学校「島と海と森の話」授業

2014年天売小学校「島と海と森の話」授業

2015年天売小学校「島と海と森の話」授業

2015年天売小学校「島と海と森の話」授業　グイマツ伐採

2015年天売小学校「島と海と森の話」授業　ミズナラ植栽

2017年サウナ付きシャワー小屋「温森庵（ぬくもりあん）」完成

天売島おらが島活性化会議のみなさん

森づくりの達人

森づくりの達人と
エゾニワトコの成長

育成木施業の育成木選択

馬搬の達人ファミリー

馬搬の達人

木造建築設計の達人

建築設計の相談

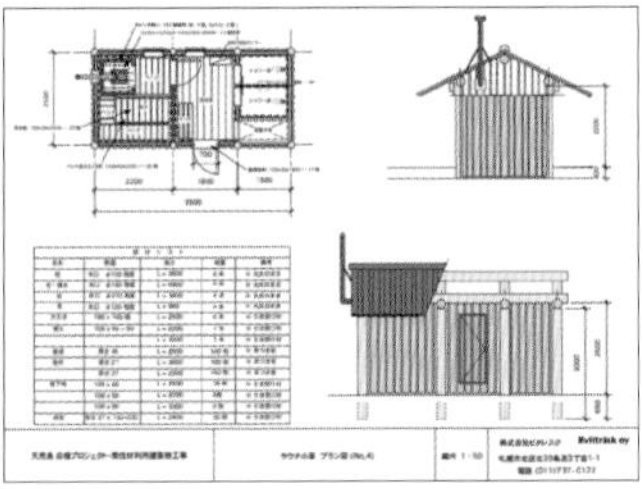

サウナ付きシャワー小屋設計図

木造建築の達人

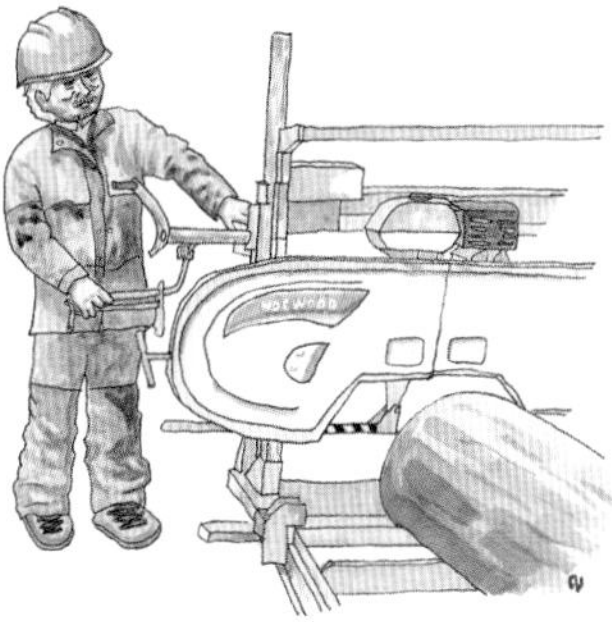

森林整備と木材活用の達人

炭焼き窯による木炭製造

育成木と伐採木の選定

トドマツの伐採

馬搬による集材

可搬式製材機による製材

サウナ付きシャワー小屋（温森庵）の建築

キャンプ場食器洗い小屋（清流庵）の建築

群伐の衝撃（寺沢孝毅さんより）

伐開跡（寺沢孝毅さんより）

群伐跡地の倒木

無立木地の草刈り

防草シートの設置

無立木地の植樹

プロジェクト説明看板設置

天売島応援プロジェクトの概要

シーカヤック艇庫の建築（2023年完成予定）

# はじめに

二〇一七年六月二十五日、天売島にサウナ付きシャワー小屋が完成した。天売島おらが島活性化会議の皆さん、天売島応援プロジェクトの達人たちの前で、トドマツの明るい木肌の建造物は、神々しい光を放っていた。都会の喧噪にポツンとこんな小屋があったら、誰かが潜んでいそうで怪しく見えるかもしれない。でも、自然豊かな天売島においては、まわりの雰囲気に溶け込んでいる。天売島の森林資源を有効利用して、自分たちが作った宝物だから、何よりも輝いて見える。

北海道の留萌管内、日本海に浮かぶ天売島で森林整備を行い、その際に伐り出したトドマツ間伐材で、サウナ付きシャワー小屋を建築したのだ。なぜ、そんなところにそんなものを建築したのか？　それにまつわる経緯とその活動について述べさせていただきたい。

天売島は半世紀ほど前に、深刻な水不足があり、大規模な水源林造成が行われた歴史がある。そのおかげで森林は再生され、地下水開発の努力も実って、水不足の心配はほとんどなくなった。しかし、順調に育った森林は過密になり、整備が必要になっていた。かといって、先達が苦労して植栽した樹木に手をつけて、取り返しが付かなくなっては困ると、森林整備に二の足を踏んでいた時期があった。

そこで、森づくりの達人が研究と経験に基づき、現地調査を行い、モデル地域を決めて少しずつ間伐を行うことになった。その方法は、「近自然森づくり」、「育成木施業」とも呼ばれる方法で、将来に向けて残す育成木を選び、その成長の妨げになりそうな木を伐採木として間伐するものである。

そして、森林に与えるダメージを最小限にするため、馬搬による集材を試みることとした。大規模に効率的に集材する時には、大きな重機を持ち込んで伐採木を運搬することが多い。でも、そのためには重機が動き回るためのスペースが必要で、育成木への影響が懸念される。特に、トドマツの四方に伸びた根系の上に重機が乗ったり、樹幹に傷をつけたりすると、そこから腐朽が進んでしまう。しかし馬ならば、人が通れるぐらいの余裕さえあれば、周囲の樹木を避けながら伐採木を引きずり出すことができる。

日本では、馬搬の技術は時代の流れの中で衰退していて、天売島で間伐を始めた二〇一六年時点では、馬搬のできる達人は限られていた。全国で数人、北海道内で馬搬のできる人は二、三人と聞いていた。そんな達人の一人にお願いをして、プロジェクトに参加してもらうことになった。

また、伐採木を建築に有効活用するためには、製材機を島に持ち込んで柱や板に加工することが必要だ。苦労して植林し育ててきた樹木を無駄にはできず、島外に持ち出して売ろうとしても、運搬賃が嵩んでモトは取れない。だから、可搬式の製材機を持ち込み、達人の力で材を加工して利用した。

天売島おらが島活性化会議の方々は、彼らが管理しているキャンプ場に、風呂小屋が欲しいと望んでいた。観光客が多い時期には、島内の旅館や民宿は一杯になり、キャンプしている子供たちが風呂に入りたくても、受け入れてもらえないことがある。要望に沿った風呂小屋建築が、紆余曲折を経てサウナ付きシャワー小屋になるのだけれど、そのへんの事情は後ほど説明しよう。

現地の材を用いて建築するためには、その材質や規格に応じた、無理や無駄のない設計が求められる。また、限られた時間と労力で組み立てるためには、一般の建築物とは違う設計と施工の工夫が必要だ。そういったワザを持つ達人として、北海道の木材にこだわって設計している建築家と、高度の大工技能を有する技術者がその役を担ってくれた。

それから、サウナ付きシャワー小屋からの排水をそのまま海に流すわけにはいかず、排水処理の技術を持つ達人の助けも必要だった。その他にも、いろいろな方の応援をいただいた。そういった達人たちの技術的な裏付けと努力の賜がこのサウナ付きシャワー小屋なのだ。

わたしたちは、フィンランド製のサウナストーブに薪をくべ、ストーブの上でカンカンに熱くなった石に柄杓で水をかけた。水はすぐさま水蒸気になってサウナ室の天井に広がり、わたしたちの背中をチリチリと焦がすように駆け下りてくる。フィンランドから取り寄せた白樺のエキスが、心地よい香りを醸し出し、なんとも贅沢な心地よさに満たされた。

こんな贅沢は、いくらお金があっても、そうそう味わえるものではないし、かといって豪奢なサウナ風呂は、そもそも離島には馴染まないだろう。完成までに費やした予算は少ないといえども、応援してくださる組織や個人からの寄付金と助成金は、金額では測れない価値を持っている。お金があっても普通ではできないこと、お金がなくてもするべきことが、達人たちの力で実現したのだ。

では、お前は何かの達人なのか？　と問われるかもしれない。そんなときのために、日頃から答えを用意している。わたしは連絡調整役といいながら、達人たちのワザを利用して、プロジェクトの手柄を独り占めにしようと画策する、無理強いの達人なのだ。

…森林資源と漁業資源は再生可能な生物資源である。魚も樹木も、稚魚や若木を生む。したがって、理論的にも、そしてしばしば実際問題として、稚魚や若木が生まれるスピードよりもゆっくりと収穫することで、魚や木の量を維持、あるいは増加させることさえできるため、持続可能な活用が可能である。肥沃な土壌は、おおむね無機物に一部生物由来の成分が混じっているが、これも再生可能な資源と考えることができる。なぜなら、人間の活動によって侵食されることもある一方で、ミミズや微生物の活動によって再生されることもあるからだ。

（ジャレド・ダイアモンド：危機と人類（下）、小川敏子・川上純子 訳
日本経済新聞出版社、二〇一九）

《目次》

# 第一章　天売島と焼尻島の現地調査

二〇一一年六月、天国のような島の防波堤に座り、わたしは青く透き通った海を眺めていた。海藻が揺れる流れの中に魚が見えそうなほど、海水は澄んでいた。日差しは暖かく、波はとても穏やかで、毎日の立て込んだ仕事をすっかり忘れさせてくれる。

本当は、そんなにカッコいいシチュエーションではなかったのかもしれないけれど、思い出の中では、天売島のとても美しい景色が広がっている。

その年の三月十一日、東日本大震災が発生し、被災地の方々はもちろん、日本国全体が打ちひしがれていたような気がする。北海道にいたわたしたちも、暗い気持ちを引きずっていた。何とか立ち直ろうと自分を鼓舞しているものの、報道で見た被災地の情景が頭から離れない。

わたしは国土保全の仕事に従事していたこともあり、東北地域の復旧・復興の応援に駆けつけたいとジリジリしていた。しかし、現地はただでさえ混乱しているし、わたしごときが行ったところで邪魔になるだけだろう。その時は、与えられた立場で、目の前の仕事に集中すべきだと自分に言い聞かせていた。

## 一・一　離島を応援したい

わたしが勤めていた職場が所管する現場では、焼尻港と天売港の耐震岸壁の整備が終わり、わたしたちは現地を確認するため、両島を訪れていた。港湾や漁港は、国の事業による整備が終わると、地方自治体に管理を任せることになっている。離島の唯一の玄関口である港について、いつまでも応援をしたい気持があっても、制度上どうしようもない。それぞれの役割を決めて、それを守っていくことが、世の中のしきたりなのだ。

さんらいなぁ２と焼尻港

わたしたちは、港湾・漁港の事業のための港湾業務艇に乗って、工事完了を確認しがてら、両島の現状を視察した。わが組織は、天売島と焼尻島を含む留萌地域の基盤整備や国土保全を担っており、出張で管内を巡ることが多く、業務艇を利用することもあった。

港湾業務艇は、小さいながらとても性能が良いので、フェリー会社からは嫌がられている。フェリー会社自慢の高速艇を軽く抜き去ってしまうので、併走しないように申し入れがあった。ついつい追い越して優越感に浸りたくなるけれど、そんなところで競ってはいけない。

出張でわたしたちが宿泊した天売港のすぐ裏の民宿は、六月から八月にかけて、夕食に食べきれないほどのウニが出てくると評判だった。漁師家族が経営しているので、獲れたての海の幸で歓迎してくれる。特にウニ漁解禁直後、六月のウニが美味しくて、八月の後半になると質が劣ってくるらしい。

夕食の座敷に入ると、立派なお膳に魚介類の料理が並び、お膳の横にバケツのような容器に入ったキタムラサキウニがてんこ盛りで準備されていた。天売島では、バフンウニではなくキタムラサキウニが多く捕れるらしく、バケツの中では、キタムラサキウニの黒い棘がうごめいている。ムラサキウニはバフンウニに比べて、甘みが少ないともいわれるが、天売島のキタムラサキウニは粒がしっかりしていて、味も濃くまろやかに感じられた。

ゆっくりと風呂に入り、浴衣に着替えたわたしたちは、お膳を前にあぐらをかいてビールで乾杯をした。天売島のウニをはじめ、新鮮な海の幸に舌鼓を打ち、ビールと日本酒を次々

天売島から焼尻島を望む

とおかわりをして盛り上がる。出張先で美味しいものを食べて飲んだくれるのが、わたしたちの流儀だ。

わたしたちは一泊二日の焼尻島と天売島の仕事を終え、翌日高速艇で留萌の職場に戻る予定だ。美しい離島の風景と、美味しい海の幸、二日酔いになるほどの開放感を満喫させていただき、後ろ髪を引かれるようだった。

このような離島の楽園が美しさを保ち、さらに多くの方が訪れるようになって欲しいと心から願っていた。でも、わたしたちのできることは限られている。なにしろ、港湾・漁港の整備が終わると、地方自治体に管理を任せることになり、わが組織として離島を応援できる事業は、ほとんどなくなってしまう。

公共事業を担う職場では、予算を前提として仕事の中身が決まって、それに沿って仕事を進めなければならない。予算の確保とその消化が仕事の目的のように感じてしまう時もある。確かに、予算がなければ公共事業が進まないし、それを下支えしている業界の皆様の健全な発展のためにも、予算の執行は重要なことだ。それはそれで間違いではないのだけれど、予算は手段であって目的ではない。

東日本大震災のような大災害の時には、被災した方々の前で、予算がないから対応できませんとはいえないはずだ。あの時、国土交通大臣は、現場の代表者に向かって、すべて責任を取るから、被災した方々のためにできることは何でもしろと発破をかけたという。そして、現場ではその指示通り、普段ならば許されないことにも対応した。例えば、亡くなった方を葬る棺を国土交通省として購入して、現地に運び込むことまで請け負った。

あくまでも、公共事業の第一の目的は、地域の方々の安全で豊かな生活を守ることだ。だから、その目的を明確にして、その上で必要な計画を立て、予算を確保して事業を進めなければならない。しかし、計画的な事業実施に必要な長期計画と予算を認めてもらうことが難しい時代になり、目先の対応に振り回されがちになる。

ややこしいことをいいつのって申し訳ないけれど、わたしはそのような目的と手段を明確に分けて考えるように心がけている。もちろん、すべてがきれい事では済まないとはわかっているつもりだ。でも気をつけなければ、目の前の手段をこなすだけで精一杯になり、将来を見据えた目的が曖昧になってしまう。

そんなことを考えながら仕事をしているうちに、お金があるだけではできないこと、お金がなくてもしなければならないことに興味を持つようになった。もちろん、天売島のような離島の生活を持続していくためには、一般の地域よりも経費が多く必要だろう。だからといって、お金があればどうにでもなるといった傲慢な考えは持ちたくはない。

天売島や焼尻島において、予算をつぎ込んでインフラ整備をするだけでは、その効果には限界があるだろうし、集落の維持さえできなくなるかもしれない。では、今わたしたちがしなければならないこと、できることは何だろう？　それを明らかにしたうえで、それに必要な予算をなんとか集めて、持続的な応援をしていきたいと常々考えていた。

## 一・二　離島の魅力と島民の方々

天売島と焼尻島は、北海道苫前郡羽幌町の西北西の日本海に位置している。天売島は五・四七平方キロメートル、焼尻島は五・一九平方キロメートルの面積を持ち、それぞれ二九九人、一九八人の島民が住んでいる（二〇一八年三月末時点）。両島は暑寒別天売焼尻国定公園に指定され、夏期は新鮮な魚介類、数多く繁殖する海鳥、特異で美しい景観を楽しむ観光客でにぎわっている。

天売島は「海鳥の楽園」とも称され、八種百万羽もの海鳥が繁殖している。絶滅危惧ⅠA類に指定されているウミガラス（俗称オロロン鳥）は、国内では天売島でのみ繁殖しており、一九六〇年代には八千羽いたと推定されている。それから急激に減少し、二〇〇八年には生息数が史上最低の十一羽になってしまった。

その後、ウミガラスの絶滅を食い止めるために、繁殖巣棚が崖地に設置され、デコイ（鳥模型）や鳴き声を流すなどの誘引、保護策が進められた。鳥たちは、崖の巣に仲間がいるように感じると、安心し営巣して孵化するようだ。そのおかげで、二〇二一年には九十一羽が飛来し、二十五羽のヒナが巣立った（環境省二〇二一年十一月一日発表）。

また、天売島は四十万つがいのウトウが乱舞する世界最大の繁殖地で、日没時に帰巣するウトウとウミネコの演じる争奪戦が有名だ。ウトウは地面に掘った巣穴に雛鳥を残して、餌である魚を獲りに海に出かける。ウトウが咥えて戻るたくさんの魚を狙って、ウミネコはスクランブルをかけて争う。ウトウが営巣し始める六月から、八月の巣立ちの時期まで、観光客はその空中戦を見に集まってくる。

黒い体に赤い足と目の周囲の白色が特徴的なケイマフリも珍しい海鳥だ。赤い足で海面をけりながら離水する姿は、とても美しくたくましい。ケイマフリは、環境省のレッドリストで絶滅危惧II類に指定され、天売島では三百羽程度生息している。

天売島のフットパス

このように、天売島には海鳥が多数生息し、その他の野鳥も多いことから、バードウォッチャーが多く訪れている。島の中央部には野鳥や草花の観察ができるフットパス（散策路）が整備され、観光客に喜ばれている。このフットパスは、治山事業の作業道を改修したもので、よみがえった森林にはオジロワシも営巣するようになった。

天売島・焼尻島までの交通は、羽幌港からの航路に頼るしかない。所要時間は、高速船「さんらいなぁ2」で焼尻島まで約三十五分、天売島まで約六十分。フェリー「おろろん2」では焼尻島まで約六十分、天売島までは約九十分かかる。羽幌港のフェリーターミ

羽幌沿海フェリーおろろん2

ナルは二〇一三年四月に新築移転となり、新しい高速船が就航した。両島の港も耐震岸壁化が終わって、より便利かつ快適になった。

天売島と焼尻島では、生活必需品や燃料などもフェリーによって届けられている。両島では農作業はほとんど行われていないので、島で捕れる魚介類以外の食料を運び込まないと生活していけない。暖房や炊事に必要な燃料もフェリーで運搬される。

しかし、交通手段がフェリーなどの船だけしかないというのは、頼りなく感じられる。救急患者が出たときなどは、ドクターヘリとか、自衛隊のヘリが出動してくれるが、緊急の際に限られている。荒天の中では、ヘリも飛べない恐れがある。

二〇二〇年七月には、新型コロナウイルス感染の疑いのある患者が、天売島から自衛隊のヘリで搬送されたというニュースが報道された。よく聞いてみると、この患者はコロナウイルスではなく、持病で発熱したらしい。しかし、コロナの疑いがあると警戒されてしまい、すっかり注目されるニュースに仕立て上げられてしまったようだ。離島で感染症患者のニュースが出ると、大騒ぎになり、風評被害にもつながるので、困ったものだと島の方々は嘆いている。

天売島には診療所があるものの、医師が不在の時期もあったそうで、島の方々は苦労したそうだ。医師が常駐していたとしても、病院並みの設備や医薬品の保管を期待できるはずはなく、診療や治療には限界がある。二〇二二年に聞いたところによると、立派な医師が常駐してくれるようになったと、島の方々はとても喜んでいた。

焼尻島には重油を燃料とする簡易発電所が設置されていて、海底ケーブルで焼尻島から天売島まで送電されている。簡易発電所は冷却水が必要なので、渇水期に充分な水量が確保できない天売島には設置が難しいようだ。

エネルギーを自給できない天売島には、不安感がつきまとっている。二〇一五年十月には、暴風波浪で焼尻島からの送電ケーブルが破損し、天売島は全島で二〜三時間の停電があった。島の方々は、自家発電施設のある天売小中学校の建物に集まり、暖を取って事なきを得たという。

過去には、冬期間の停電を経験したこともあるらしい。短期間だったので大事に至らなかったというが、長期間の停電で暖房や照明に支障が出れば、命にも係わる問題である。もちろん、羽幌町や北海道は風力発電や太陽光発電などによるエネルギー供給の応援をしているが、それには限界がある。安定した十分な電力供給のためには、これからも焼尻島の発電施設に頼るしかないのだろう。

過密になった森林を持続的に間伐して、そのバイオマスを薪ボイラーなどで活用する提案もあった。森林が毎年成長する量の約三割を利用するだけで、それぞれの家の年間燃料コストが六〇％に減少すると試算されていた。しかし、島民の老齢化が進んでいて、薪の取り扱いは危険だという指摘もあった。また、設備投資の費用も嵩むことから、その提案はあまり歓迎されなかった。

天売島の方々は、教育機関の存続が島にとって大事であり、是が非でも存続させたいと望んでいる。小中学校や高校がなくなると、地域の活力が失われ、集落崩壊に繋がる恐れがある。確かに、家庭生活を続けて子供たちが育っていくためには、教育機関が必要不可欠であり、それがなければ人々は定住できない。

焼尻島では一九七九年に焼尻高校が閉校になり、天売島よりも人口減少が進んでしまったという。天売島では、高校を存続させるために、漁師の奥様たちが通学していたこともあるらしい。天売高校は二〇一六年から町外、道外からも生徒を受け入れることになり、二〇二二年現在で十六人の生徒が在籍している。

離島の学校には、優秀で若い教師が派遣されることが多いと聞いたことがある。若くて健康な先生ならば、離島の生活を元気で楽しく過ごしてくれそうだ。離島で苦労した経験を元に、大きく羽ばたいて欲しいという諸先輩の期待もあるのだろう。天売島でお目にかかった先生たちは、元気いっぱいで気持の良い方々ばかりだった。そのような先生たちに出会える子供たちは、とても幸せだと思う。

二〇一四年七月に、天売島の若者たちが集まって「天売島おらが島活性化会議」が設立された。彼らは、自分たちが動かなければ、一気に地域が衰退するという危機感を覚えたそうだ。島の仲間たちが伝えたいこと、やってみたいことをまずは行動に移すことから始めたらしい。そして、次世代が天売島に住みたいと思える環境作りに精を出している。

「天売島おらが島活性化会議」は、天売島の有志たちが、島根県隠岐諸島海士町を視察したことを契機にできたそうだ。離島活性化の先進事例である海士町では、地域産業の活性化と教育の魅力を高めることに成功し、人口減少を食い止めたとして、全国的に注目されている。統廃合寸前だった島根県立隠岐島前高校の「島留学制度」や公立塾の整備などの努力が実を結び、島外からの生徒も増え、人材育成にも貢献しているという。

二〇一五年から二〇一六年に、「天売島おらが島活性化会議」が、クラウドファンディングを実施し、天売島ゴメ岬の漂着ゴミを一掃した。ゴメ岬は、ゴマフアザラシを観察することもできて、海面に沈む夕陽が見られる絶景スポットである。クラウドファンディングで集まった三十八万五千円を使って、重機を借り、ゴミの運搬処理を行い、ゴメ岬の美しい海岸を取り戻した。

その他にも、天売島おらが島活性化会議では、天売島の魅力をアピールするため、各地のイベントに参加し、観光客の受け入れを行っている。また、地域の清掃活動、草刈り、独居老人宅の除雪作業のボランティアにも精を出している。

わたしたちは、天売島の応援プロジェクトとして何ができるのかを模索して、いろいろな達人たちの協力を求めてきた。しかし、自己満足で島を訪れ、思いつきで好意の押しつけをするようになってはいけない。あくまでも、島の方々の主体的な活動を応援する立場でいるべきだ。だから、わたしたちにとっても「天売島おらが島活性化会議」の存在は大きく、彼らと相談しながら、一緒に活動を進めている。

## 一・三　離島の森の現地調査

わたしは、二〇一一年から留萌管内の公共事業に係わる仕事に携わっており、基盤整備や国土保全を通じて、地域の活力が高まって欲しいと願っていた。留萌管内は北海道の北側、日本海に沿って細長く集落が点在しており、過疎と人口減少の問題に悩まされている。

暑寒別天売焼尻国定公園は、留萌管内の観光スポットとして、特に重要な位置を占めている。天売島と焼尻島に住む島民の方々は、主に水産業と観光を生業としてきたが、人口は減少の一途を辿っている。観光客を多く集めたくても、島に住む方々がいなくなれば、集落として存続できず、観光地として生き残れない。言葉が悪くて申し訳ないが、いわば究極の限界集落ともいえそうだ。

そんな状況で、島の方々に喜んでいただき、地域の活力を高め、次世代に繋いでいくために、何ができるのだろうか？　それはとても難しい課題であるが、わたしたちにできることと、すべきことを探していた。離島において応援が可能であれば、留萌管内、北海道全体の海岸線に点在する集落の発展にも、貢献していくことができるかもしれない。

もっと大げさにいえば、日本全国の離島や海岸地域や、限界集落に対しても、明るい話題を提供したい。世界中の都市への過度な人口集中と、地域の過疎化という問題に対しても、風穴を開けるヒントになればよいな。なんて、大それた夢が膨らんでくる。

そんな思いを持ちながら、二〇一二年六月、天売島と焼尻島の現地調査を企画した。同行してくれたのは、北海道工業大学教授（現北海道科学大学名誉教授）の岡村俊邦さん、北海道留萌振興局の林務課の方々、コンサルタントの環境保全の専門家、そしてわが職場の同僚たちだ。

岡村俊邦さんは、近自然森づくり協会の理事長でもあり、以前から地域にふさわしい森を再生する活動を行っている。一九九一年から公共事業跡地の緑化を進めていて、わたしも共同研究者としてご一緒させていただいてきた（吉井厚志・岡村俊邦：緑の手づくり―自然に近い森をつくる「生態学的混播・混植法」の成り立ちと広がり、二〇一五）。

二〇一二年の現地調査の目的は、自然環境に恵まれ、観光資源も豊富ながら、社会的・経済的に厳しい状況にある、天売島と焼尻島を応援する方法を検討することであった。離島という限られた空間において、安全で豊かな地域の生活を発展させていくためには、水、エネルギー、自然環境、産業、医療、教育、交通などを総合的に有機的に繋げていく必要がある。そういった課題を確認し、持続的な発展のモデルとして議論するきっかけにしたいと考えていた。

天売島と焼尻島は、後に述べる東三郎先生の「森と水の話」で紹介されたように、水資源と森林の関係について調査されてきた貴重な場である。森林が貧弱だった天売島は、昭和四十年代に水不足で困り果てていたが、焼尻島は比較的森林が保全されており、水が豊かであった。その後、天売島において森林が整備され、地下水開発などの効果もあって、水不足が解消されたといわれている。

### 〈天売島の森林の状況〉

天売島の森林整備事業は、一九五四年度から北海道によって実施されており、防風林造成が主たる目的であった。海岸地域においては、森林を造成するために、まずは海風を弱める防風対策が重要だ。一九七七年度からは保安林改良事業が、一九八〇年度からは重要水源山地整備治山事業が始まり、過去に造成された保安林の整備と水資源の保全に力が入れられるようになった。

そして、二〇〇二年度から二〇一一年度まで、地域における生活環境や自然環境の保全・形成を目的とする、共生保安林整備統合補助事業が実施された。事業の内容は、森林整備事業として、植栽工・本数調整伐、付帯施設として管理車道・木橋・総合作業施設の設置などである。

二〇一二年の現地調査で、過去に植栽された保安林が厳しい環境条件を克服して順調に成林していることが確認された。特にトドマツの植林地の成長は旺盛で、うっそうとした森林になっていた。トドマツは、北海道に自生する常緑針葉樹で、最も多く造林されている。材質は木理が通直で、加工が容易なため、建築、器具、包装用、パルプなどに利用されている。

天売島のトドマツ林は、樹木密度が高く、林内は暗くて草本や後継樹の成育はほとんど見られなかった。密生したトドマツは、樹高が十五メートルほどに伸び、頂部に小さな樹冠を持ち、見るからに不安定だった。

天売島のトドマツ林

グイマツやナナカマドの樹林地も同様に暗く、そのままでは後継樹が侵入して成育することは困難に思われた。天売島のグイマツは、地域条件に合っていないのか、樹幹は細く樹高

天売島鶴田の沢周辺の森

も伸びていない。

一方で、鶴田の沢沿いには、キハダ、ホオノキ、センノキ、ミズナラ、カシワなどの多様な広葉樹が成長していた。鶴田の沢は、天売島の南側に流れていて、一九七五年ごろに沢沿いに治山事業が実施された。沢の周辺には、タネが自然に運ばれて育った広葉樹も多く見られた。風、水分、地表の条件などが良かったのか、自然侵入による広葉樹林の再生を示す事例である。

共生保安林整備統合補助事業で整備された管理道と木橋は、フットパスとして利用されており、豊かな森林の中で鳥類観察を楽しむことができる。静かな森に囲まれて、いろいろな鳥の声が聞こえてくる。周囲を海に囲まれた離島にいることをすっかり忘れさせてくれるような雰囲気だ。

二〇一二年五月三十一日に、天売島フットパスフォーラムが行われたことが、北海道新聞で紹介された。フォーラムに参加した方に聞くと、オジロワシが営巣するような豊かな森になっていると喜んでいた。

一方で、この事業で植樹された箇所を確認すると、離島の厳しい風や水の条件のせいか、成長は良くないように見えた。ナナカマドなど広葉樹の樹高二メートルほどの苗が、造園的な手法で支柱を添えて並べて植えられており、枯死している木も目立っていた。

また、樹高二十〜三十センチメートルほどのカシワの苗が、ウッドチップのマルチングで周囲を囲まれて植えられていたが、ほとんどが枯れていた。かろうじて生存しているカシワも、葉がわずかに残っているだけだった。マルチングとは、草本との競争に負けずに苗が育つように、地面を覆う工夫である。マルチングを施すことにより、周りから被さる草本から、小さな苗やタネから生長した稚樹を守り、成長を助ける効果がある。

天売島のような厳しい自然条件下では、苗や植樹方法を吟味しないと、ナナカマドもカシワも生存することが難しいようだ。強い海風で苗木の水分が奪われ、成長が妨げられ、枯死する可能性が高い。

そのため、このような条件下では、地上部とのバランスが取れた、しっかりした根系を持つ苗を植えることが望ましい。大きく育った苗は、植樹の前に広く伸びた根を切って運ぶことになり、厳しい条件下では生き残りづらい。小さい苗は、草本との競争を乗り越えないと成長できない。

現地調査に同行していただいた留萌振興局の林務課の方は、天売島の森林は、恐れ多くて手を入れることをためらってしまうとおっしゃった。一時期、島全体が水不足に陥るほど衰退した水源林が、諸先輩や島の方々の手によって時間をかけて再生された。それが豊かに成長したことは本当に喜ばしいことだ。しかし、過密になったからといって、自分たちの代に間伐して、もしも取り返しの付かないことになったら、申し訳が立たないという。

### 〈焼尻島の状況〉

焼尻島は天売島に比べて、森林が豊かであったといわれており、その象徴的な存在がイチイの自然林である。焼尻島のイチイ群落は、天然記念物に指定されている。この自然林の中には、水が湧き出している水源の池が散在し、豊かな水を沢に供給し続けているようだ。

焼尻島のイチイの自然林は、天売島の人工的に植樹した森林に比べ、明るく感じられた。林床にまで陽光が届いているところが多く、草本や後継樹が育っている様子が確認された。

焼尻島においては、一九五六年度から防風林造成が行われ、一九七九年度からは保安林改良によって、島の南部稜線にカシワ、イタヤカエデ、ヤナギ類、ケヤマハンノキ、グイマツが植栽されたという。そして、一九八六年度からの水源地域緊急整備事業として、島の北東部に大々的な森林造成が行われた。

この北東部の森林の南側には、高級フレンチレストランからも引き合いが来る、サフォーク種のめん羊牧場が広がっている。この牧場は、風を妨げるような障害物が少なく広々としており、羊たちは牧草ロールや小さな丘の陰などに身を寄せ合って休んでいた。

焼尻島のサフォーク種のめん羊は、海岸の厳しい風に耐え抜いたミネラル豊富な牧草のおかげで風味豊かだといわれている。しかし、当時の牧場長の話によると、牧草ばかり食べていると青臭い味になってしまうので、干し草と穀物などを組み合わせているらしい。バランスの取れた食物と、広々とした環境で伸び伸びと育って、健康で美味しい羊が育つという。

焼尻島のイチイ（オンコの荘）

現地調査で気になったことは、イチイ林の景観を気遣うばかりに、ササ刈りを徹底していることだった。そのような箇所では、後継樹となり得る稚樹も刈られている可能性がある。

一方で、ササ刈りの徹底が、エゾエンゴサクの群落の拡大に貢献しているのかもしれない。早春のイチイの林床には、色鮮やかなエゾエンゴサクが咲き誇る。他では見られないほど大きい花が咲くエゾエンゴサクは、焼尻島の名物となっている。

焼尻島におけるイチイの自然林の保全と観光的利用、そして水資源保全に向けた森林施業と管理についても、考えさせられることが多かった。めん羊牧場も含めた焼尻島の将来像について、十分に議論していくことが大事だと感じられた。

焼尻島のエゾエンゴサク

わたしたちは、現地調査の中で、小中学校、高等学校の先生たちを含む両島の方々にも話を伺うことができた。島の方々は、天売島と焼尻島の森をとても大事に考えていることがわかった。さらに健全で安定した森林を目指し、できるだけダメージを与えないような整備が求められている。そして、その過程で生産される木材は、有効に活用されるべきだ。その営みを持続的に進めるために、島の方々や小中学校、高等学校という教育機関に参加していただきたい。

岡村俊邦さんとわたしは、各地で教育機関との連携の元に、地域にあった自然に近い多様な森林を再生するプロジェクトを進めてきた経験がある。タネ採り、苗作り、植樹までの手間のかかる営みを持続的に進めるためには、教育機関との連携が重要なカギになることを実感していた。

その代表的な事例として、釧路町の遠矢小学校の「花咲かじいさんプロジェクト」（一九九四年〜）、洞爺湖温泉小学校の「緑はどうなった？・授業」（二〇〇四年〜）などがある。詳しくは、「緑の手づくり—自然に近い森をつくる『生態学的混播・混植法』の成り立ちと広がり」（吉井厚志・岡村俊邦、二〇一五）、「国土のゆとり—『水辺緩衝空間』を活用して安全で豊かな国土を目指す」（吉井厚志、二〇二〇）を読んでいただきたい。とても楽しくてやりがいがあるプログラムなんだ。

## 一・四　離島の森林整備と木材の活用

現地調査を経て、わたしたちは天売島と焼尻島の現状を再確認し、森林整備の方向性について提言する報告書をまとめた。現状についてはすでに述べたとおりであり、森林整備に関しては、次のように提言した。これは、岡村俊邦さんが提唱している「近自然森づくり」の方法そのものである。

森林の整備には、数十年から百年もの長時間かかるため、明確な計画に基づき、それが実現されているかどうかを確認しながら進める必要がある。森林の整備に投入する手段の違いにより、時間の経過によって大きな差異が生まれてくるはずだ。

森林の整備を最初に担当した人が、長時間にわたって全てを賄うわけではないので、次世代に引き継いでいかなければならない。そのため、経過時間ごとに実現する目標を明確にし、その目標を達成するための手段を選択していく。

まずは未来の目標を設定し、現在に向かって時間を遡り、その途上のあるべき森の姿を想定する。この方式はバックキャスト方式の計画と呼ばれ、五十年後のあるべき姿、十年後のあるべき姿のために、今とるべき手段を明確にし、追跡調査により評価しながら、順応的管理をする方法である。この計画を作るためには、専門家の知識と経験、および未来に対する責任感が必要不可欠だ。

天売島及び焼尻島における森林に対しては、五つのことが期待されている。それは、①水資源の確保に関係した水源のかん養、②水産資源に関係した生態系の保全、③観光に関係した景観の保全・改善、④山菜やキノコなどの林産資源、⑤チップや木材などのエネルギー資源である。

そして、その期待に答えるためには、多様な在来種からなる樹木が持続的に成育していることが求められる。そのような森林は、「複層異齢針広混交林」とも呼ばれるものだ。つまり、いろいろな年代の針葉樹と広葉樹が混ざって、複層的に育っている森林を目指すのだ。

両島の森林は、長期にわたる島民の方々の努力と、治山事業によって、再生され、整備されてきた。しかし、将来に向けた改善点を多く抱えていることも事実である。特に天売島は、治山事業により整備が進んだものの、過密な単層同齢一斉林が多く、風害や虫害の被害を受けやすいので、早期に改善が必要とされる。焼尻島の治山事業の施行地も、天売島ほどではないにしても、同様の問題を抱えている。

過密な「単層同齢一斉林」を「複層異齢針広混交林」に変えていくためには、「育成木施

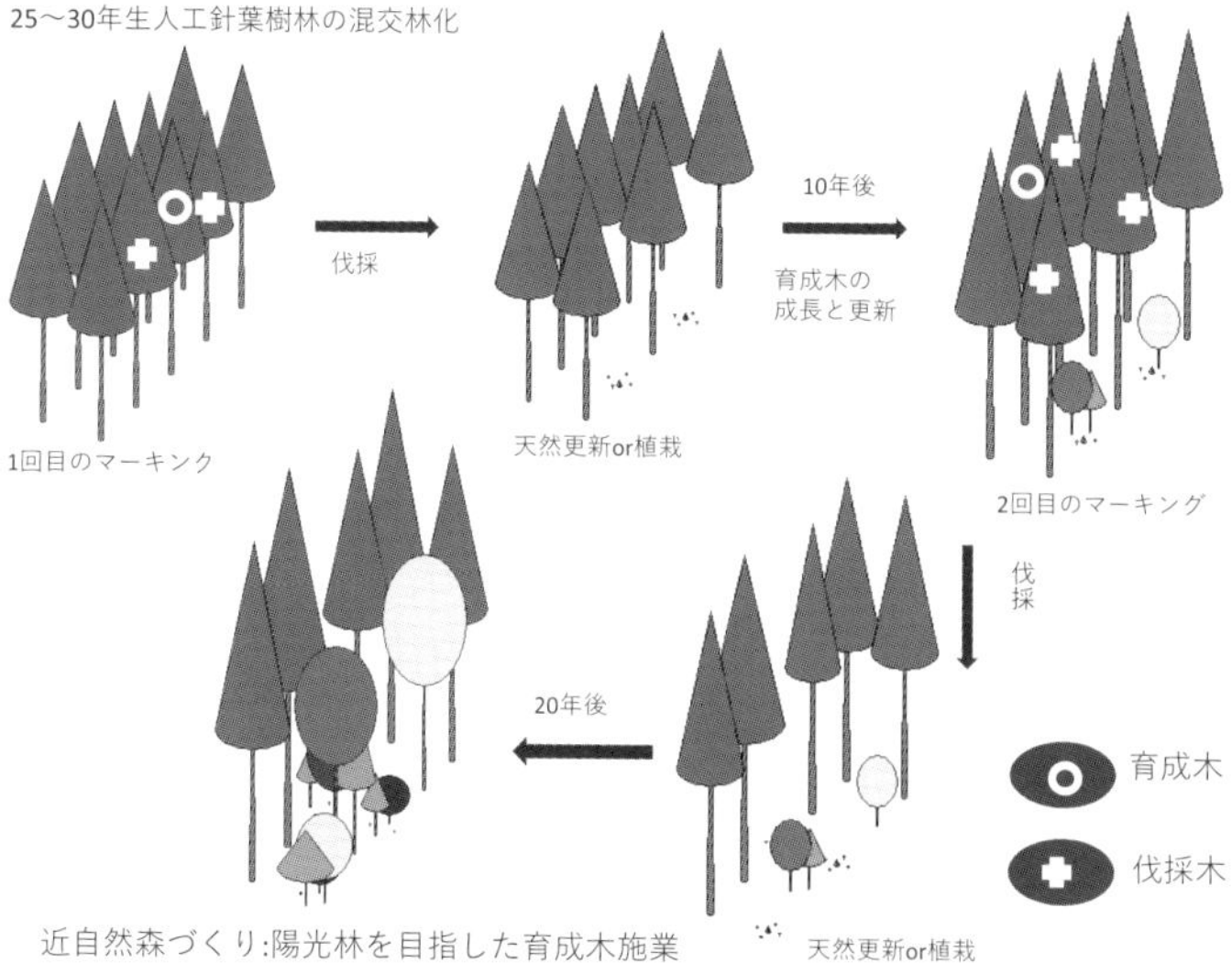


単層同齢一斉林の育成木と伐採木

業（将来の木施業）」を実施する必要がある。これは、間伐により林床を明るくし、天然更新を図るものである。暗い森の中では、外からタネが運ばれてきても、発芽しづらく、発芽したとしても、光合成が十分にできず成長は阻害される。間伐すれば、林内が明るくなることによって、後継樹の成長が促されるのだ。そうして木々が代替わりしていくことを天然更新という。

育成木施業では、まずは暗く陰った過密な林内において、形状が良く今後も成長が見込まれる樹木を「育成木」として選定する。育成木の生長を阻害している周りの樹木は「伐採木」としてマーキングする。そして、育成木を傷つけないように伐採木の抜き伐りを行う。

このような作業を約十メートルごとに林内全体で実施し、それを八から十年ごとに繰り返すことにより、徐々に林内は明るくなり、育成木が成長し林床では天然更新が進行する。

この方法は、スイスやドイツで行われている「将来の木施業」と呼ばれるもので、従来の列状間伐等とは異なり、林内に急激な変化をもたらさない。そのため、保安林としての機能を保ちながら、森林の改善を図ることができる。その目的は、あくまでも健全な森林を目指し、維持することである。結果的に木材生産にもメリットがあるかもしれないが、生産性を強く求めるものではない。

積極的に育成木施業を行い、「複層異齢針広混交林」に変えていくことで、風害や病虫害などへの耐性を増し、水源かん養や生態系の保全・再生にも貢献できそうだ。その過程で森林から出てくる木材を直接活用し、またチップや薪として暖房や発電に利用することも考えられる。それにより、島の経済的、エネルギー的な自立に貢献することも期待できる。

この現地調査のまとめにより、離島の応援プロジェクトの大まかな道筋が見えてきた。天売島の森林整備が必要だが、失敗は許されないので、試験的に実施して、検証していくことが求められる。森の整備と地域の生活への応援を合わせて行うことができれば、画期的なプロジェクトに発展しそうだ。

## 一・五　焼尻島のサフォーク牧場

わたしは、現地調査で焼尻島を訪れる以前から、焼尻島の羊肉の評判を聞いていた。焼尻島のサフォーク種は高級食材で、なかなか手に入らず、その美味しさはテレビや雑誌でも取り上げられている。羊肉といえばジンギスカンでもお馴染みの独特な臭いが特徴だが、焼尻島のサフォークは、その臭みがほとんどない。

羽幌町の資料によると、焼尻島のめん羊牧場は、厳しく豊かな自然環境を活かした施設で、地域の畜産振興を図る目的で設置された。一九六二年に焼尻島漁家の不漁対策として、町有めん羊十二頭を貸与したことから始まったらしい。一九六六年に、焼尻めん羊育成事業として「町営焼尻めん羊牧場」が発足した。

焼尻島の美味しいサフォーク種の羊肉といいながら、焼尻島で気楽に味わえるというものではない。食肉として処理するためには、認可された屠殺場に持ち込まなければならず、焼尻島の場合は旭川まで運ぶ必要がある。焼尻島の牧場で羊をトラックに乗せ、フェリーで羽幌港に陸揚げし、それから陸路旭川の屠殺場に持ち込むのだ。

焼尻島でサフォークを食べるためには、食肉に加工してから再びフェリーで持ち帰る必要がある。島内では、港にある食堂と旅館ぐらいでしか扱っていない。その上、焼尻サフォークブランドの評判が良くなり、高級レストランが競って仕入れるようになったので、なおさら手に入りづらい。

二〇〇七年には、羽幌町の町営牧場として、指定管理者制度を取り入れることになり、萌州ファーム株式会社が直接管理することになった。指定管理者制度とは、地方自治体の公共施設について、民間組織などに管理運営を委託する仕組みである。管理運営のコストを下げ、サービスの向上と専門的で小回りのきく運営を目指すものらしい。当時の牧場長と現地職員は、萌州ファームに移籍してもらい、それまでと同じ現場体制で運営していくことになった。

焼尻島のサフォーク牧場

萌州ファームが指定管理者として経営を受託することによって、焼尻サフォークの評判が全国に知れ渡っていった。地方自治体としてはなかなかできなかった積極的な営業が、民間の指定管理者ならば可能となる。

萌州ファーム社長だった畑中修平さんは、本業は建設事業と建設資材などを扱うハタナカグループの代表である。わたしは二〇一五年からハタナカグループで働かせていただくことになり、牧場経営の大変さを聞いていた。そのせいで思い入れが強く、説明がくどくなるが、勘弁していただきたい。

萌州ファームは、現地のスタッフ以外は全員無給で、地域経済に貢献するため、指定管理者を引き受けたという。そして、社長自ら大手代理店と組んでサフォークバーベキュー昼食付日帰りバスパック、百貨店での催事、インターネット通販などの企画を進めた。

畑中社長ご夫妻は、そろって美食家で顔が広く、いろいろなツテを辿って営業を展開した。札幌や東京の有名フレンチレストラン、仕入れ問屋などを巡って、売り込みをかけていったという。そのおかげで焼尻島サフォークのブランドが確立していった。

焼尻島のサフォークは、「プレサレ焼尻」とも呼ばれている。これは、フランスのモンサンミッシェル周辺の低湿地帯で育つサフォークのブランド名に由来している。海岸線の低湿地帯に育つ牧草を食べて育つサフォークは、ミネラル豊かで、潮の香りと絶妙な塩加減で評判らしい。それに勝るとも劣らない焼尻島のサフォークだといって、三國清三シェフが「プレサレ焼尻」と名付けてくれたという。

モンサンミッシェルと同じように、潮風に吹かれてミネラルたっぷりに育った牧草が、サフォークの美味しさの理由の一つだろう。そして、天敵がいなくてストレスがない焼尻島の環境が、羊を健やかに育てている。

二〇〇八年に開催された北海道洞爺湖サミットでは、焼尻サフォークが首脳晩餐会の食材として採用され、注目を浴びた。そして、その評判が後押しをして、さらに高級フレンチレストランで需要が伸びてきたという。

焼尻サフォークについては、手嶋龍一さんの小説「スギハラ・サバイバル」（手嶋龍一、二〇一二）でも取り上げられている。主人公が参加した豪華なディナーのメインディッシュとして出てきたのが、焼尻サフォークだった。登場人物が「シャトー・ベイシュビル二〇〇〇年。焼尻産サフォークとの相性がすばらしい」と褒めている。シャトー・ベイシュビル二〇〇〇年なんて、わたしは飲んだことはないが、ボルドーの高級ワインらしく、サフォークに合うらしい。

また、醸造学・発酵学の第一人者、小泉武夫さんも焼尻サフォークの大ファンで、「北海道を味わう」（小泉武夫、二〇二二）の中でも絶賛している。小泉武夫さんは、南米、北欧、モンゴル、オセアニア、フランスなどの羊肉の名所で賞味してきたが、焼尻島のものが世界一美味しいと断言している。

サフォークの丸焼き

その本の中で、薄切りにした焼尻のラムのラック（背の部分）、ショルダー（肩の部分）、ショートロイン（腰の部分）を食べた印象が述べられている。炭火で焼いて天然塩の味付けだけで、「柔らかさは比類なく、そして羊特有の臭みなどほとんどなく、噛みしめる肉からは上品なうま味と優雅な甘みが湧き出てきて、驚嘆すべき…」だそうだ。

二〇一九年から、焼尻めん羊牧場は羽幌町の直営に戻った。直営牧場として、これからもずっと美しい牧場を維持し、美味しいプレサレ焼尻を生産していただきたいと心から願っている。プレサレ焼尻をもっと気軽に味わいたいし、高く買ってくれる高級レストランも大事にしなければならない。

町の直営に戻ったので、将来構想に合わせて長期的な管理、経営が可能になるかもしれない。そして、そのころ試行が始まっていた大学との連携と、学生の研修派遣のプログラムがさらに実施しやすくなる。学生たちの研修は、次代の人材育成と、焼尻島の活性化にもつながるはずだ。

離島における牧場経営は、作業員が常駐しなければならず、牧舎を清潔に保ち、草地を管理し、羊の健康を保ちながら出荷するという大変な仕事ばかりだ。一日たりとも手が抜けず、特に冬期の出産時期には二十四時間体制で働かねばならない。

焼尻島の厳しい自然がプレサレ焼尻の美味しい肉を育てるといえども、離島の強風は羊たちには辛そうに見えた。強風時に羊たちは、牧草ロールなどの陰で風を避けて休んでいた。将来的には、牧場の周囲に防風林を育てて環境整備をする必要があるかもしれない。自然に近い防風林を背景に、広々とした草地に戯れる羊の姿は、景観的にも美しいだろう。

# 第二章　森と水の話

前にも述べたが、天売島と焼尻島の水源林については、北海道新聞夕刊に連載された東三郎先生の「森と水の話」で紹介され、よく知られるようになった。これは、一九八六年五月から九月までの六十回にわたって掲載され、その翌年には「北海道　森と水の話」が単行本として発刊された。

「北海道　森と水の話」は、第一章　水源林の役割、第二章　水枯れの悲劇、第三章　見えない水みち、第四章　デリケートな植物、第五章　森林空間の価値の五章で構成されている。天売島と焼尻島の森と水の関係も、現地で計測した実例をもとに記述されている。

一九九一年には、東三郎先生の北海道新聞文化賞受賞に合わせて、「増補改訂版　北海道森と水の話」が刊行された。東先生は、先の目次に「第六章　森の再生を図る」として、北海道における森づくりの実践について書き加えられた。

本章では、「北海道　森と水の話」を紹介するとともに、それに関わって東先生から教えていただいたことをまとめた。わたしたちの離島を応援するプロジェクトは、先生の教えを少しでも実践したいという気持ちで進めている。

天売島と焼尻島における水飢饉とその後の森づくり、水資源の回復については、「島と水と森のはなし」という映像資料としても残されている。これは、一般社団法人北海道治山林道協会により制作され、一九九七年に公表されたもので、「天売・焼尻島の水源林を育てる」という副題がつけられている。

「島と水と森のはなし」には貴重な資料として、水不足だったころの小学校の映像や、水道の担当だった方の苦労と水供給が回復した時の喜びの声も収録されている。そして、この映像作品は、一九九八年に日本産業映画・ビデオコンクール大賞を受賞するほど評判になった。

## 二・一　森の状態と水資源

北海道　森と水の話（東三郎著）

「北海道　森と水の話」によると、天売島では、一九六九年から沢水を集めた原水を水道に用いていたという。当時は水不足で、離島観光ブームによって観光客が増え、特に夏場は慢性的に渇水に悩まされるようになった。一九七三年には四十四日間にわたって二〜四時間の断水が続き、自衛隊の大型ヘリコプター二機と民間会社の船二隻によって、総計一五六・九トンの水が輸送されたと記録されている。

天売島ではその後も給水制限が行われるとともに、貯水タンクの増設や深井戸を掘るなど渇水の緩和策が進められた。一九七八年からは水源地域に広葉樹を植栽する保安林改良事業が行われ、一九八〇年代には、重要水源山地整備治山事業により、雨水の浸透性の増大や貯雪機能の促進が図られた。

焼尻島の原生林にある水源

一方、焼尻島は比較的に水が豊富であり、特に源流域に豊かな森林を持つ沢は、真夏の渇水期でも水涸れに見舞われることがなかった。それは、焼尻島では天売島よりも古くから森林が保全されていたことによるといわれている。焼尻島の豊かな森林を水源とする新海の沢には簡易発電所がある。発電機は熱を持つので、沢水を冷却水として利用している。天売島には発電施設がないので、ここから海底ケーブルで送電されている。

天売島の森林は、元々貧弱だった上に、江戸時代末期から明治時代のニシン漁が盛んだったところに、建築用材や薪材として伐採されたらしい。そして、明治・大正時代の山火事も森林消失に追い打ちをかけたといわれている。焼尻島では一八八〇年に、天売島ではその四年後の一八八四年に森林伐採が禁止された。その頃、焼尻島には定住者がいて、住人のいない天売島まで出向いて森林伐採をすることもあったらしい。

東先生は、「森と水の話」の中で、森林が水源かん養に役立つのかどうか、最初は懐疑的であったと述べられている。「森林を復元することによって、欲しい水が得られるのかどうか、水源機能が回復するか否か、それをどのようにして確かめるのかと、疑問視する傾向は強い。筆者もその一人であった」。

水源かん養機能とは、洪水を緩和し、水資源を貯留し、水質を浄化する機能だといわれている。森林に降った雨は、葉や枝、幹を伝ってゆっくりと地表に到達し、土壌に浸透して地中水として移動していく。地中水は地表を流れる水よりも遅く、いろいろな経路を辿るため、河川への流水の集中は減少し、洪水が軽減される。それが洪水緩和、水資源の貯留、水質浄化の機能につながっている。

一方で、森林には雨水を葉や枝や幹に一時的に貯留する「樹冠遮断作用」があり、土壌の水分を吸い上げて葉の気孔から蒸散させる「蒸散作用」も併せ持っている。そのため、森林は水の消費量を高めて、森林があることによって年間の流出量は減少する。つまり、森林は降雨の流出を平準化することはあっても、水資源量を増やすわけではないのだ。

また、森林の水源かん養機能は、土壌層や岩石風化層における、保水力とも呼ばれる雨水の一時貯留によるものである。従って、森林や土壌の構造や質、地質条件によって異なっている。火山周辺の火山灰が厚く堆積した地域や、深層風化した花崗岩の流域では、保水力が高いといわれている。

一時期、「緑のダム」という言葉が流行って、森林があたかもダムの代わりになると期待されたこともあったが、森林がいつも都合良く洪水調節と水資源貯留を行うわけではない。ある程度の降雨までは保水機能が働いて、急激な流出を軽減することができる。しかし、それを超えると森林土壌が飽和し、降った分だけ流出することになる。森林の保水力に対する過度な期待は、集中豪雨や台風による災害リスクを高める恐れがある。

森林とは、単に樹木の集まりではなく、さまざまな地質・土質で構成された土地の上に、樹木・草本・土壌微生物・動物などが有機的に共存する生態系を構成している。そして、太陽光を受け、大気と触れあい、水がなめらかに移動する空間も大事な役割を担っている。それらの複雑な存在を対象にして、一部の機能や作用だけを論ずるのは、避けるべきだろう。

例えば、森林のあるなしで水の出方が変わるのかを検証するために、「対照流域法」という現地実験が歴史的に行われてきたという。川が並行して流れている森林に覆われた小流域を試験地として、片方の流域の樹木を伐採して、川の水量の変化を測定する方法である。二つの流域の河川の水量を伐採前後で比較して、森林の水に対する効果を確認することができる。

その結果、森林を伐採すると、降雨の有無に関わらず、河川流量が増加することが実証されたという。樹木は、自分が生きて成長するために水を消費するので、トータルとして流出水量が減るわけである。

## 二・二　離島の治山事業による森林整備

天売島と焼尻島の森林整備は、前述のように樹木の伐採が禁止された後、植樹が進められるようになった。一八九五年に天売島でカラマツ千本が植えられてから、大正時代の前半にかけて、約二十五万本の植樹が行われたとされている。これは、水源かん養と豊かな漁場を期待する「魚付き林」としての森林を目指していた。離島においては風が強く、内陸部のような植栽成果は期待できないとされ、どのくらい生き残るのかわからないまま、数多く植栽して様子を見る方法がとられたようだ。

1977年頃の天売島の森林

一九五四年から始まった天売島の防風林造成事業では、クロマツ、ニセアカシアが植栽されたが、好ましい成長は見られなかったと記録されている。その後、一九六三年から一九六五年に、再びクロマツが植栽され、欧州アカマツ、バンクスマツ、ドロノキ、キハダも植えられた。

一九六六年には、在来種のトドマツが初めて植栽され、広葉樹も在来種のヤチダモやケヤマハンノキが用いられた。トドマツ林帯とケヤマハンノキ群落は、当初は風のせいで成長が思わしくなかったらしい。しかし、一九七〇年に施工されたヤナギ埋枝工が旺盛な成長を見せ、前生林として防風機能を発揮するようになると、植栽樹が健全に育ってきたという。

ヤナギの埋枝工とは、枝の挿し木と似た方法だが、地面に乱暴に挿し込むのではなく、穴を掘って埋めていくことから、東三郎先生によってそう名付けられた。ヤナギの枝を地面に突き刺すと、芽と根が出てくる表皮に傷がつく恐れがある。ヤナギは埋枝工で定着すると成長が早く、防風機能を発揮して、成長の遅い樹種を守る前生林として利用されることも多い。

一九七八年からは新規の保安林改良事業として、カシワ、ミズナラ、グイマツ、イタヤカエデ、アカエゾマツなどの植栽が行われた。また、一九八〇年から六年間は、前例がないほど大々的な、重要水源山地整備治山事業が行われた。この事業では、集水地の地盤改良と貯水設備の設置とともに、防風土塁や耐雪柵で守りながら、初期成長の期待できる広葉樹が密植された。植栽樹種は、ヤナギの埋枝工、ケヤマハンノキ、イタヤカエデ、カシワ、ギンドロ、ナナカマド、アカエゾマツ、グイマツであった。

その植栽木の成長と水源地域に対しての効果についても、「森と水の話」に記載されている。一九八一年に植えられたヤナギ類、ケヤマハンノキ、イタヤカエデの成長が良いことが確認され、三年後には日陰を作るようになったという。それにより、直射日光が遮られ、風を弱めることができ、地表の乾燥防止の役割を果たすようになった。

また、植栽と同時に実施された防風工と耐雪柵は、苗木の成長を風から守るとともに、雪の吹きだまりを促進させ、地表の凍結を防ぐ効果もある。積雪が充分あると、地表は氷点下以下にはならず、少しずつ雪融けして土壌中に水がしみ込んでいく。

天売島の素掘り水路の側壁には、地表から一メートルほど下がったところに雪解け水が噴き出した穴が横一列に並んで確認されたという。そして、近くのケヤマハンノキの成長に伴って、水みちの穴が拡大していったらしい。森林の成長に伴い、地表の乾燥が防がれ、積雪をため込んで地下への水みちが発達する様子が確認されたのだ。

一方で、天売島の樹木の成長していない草地に隣接した水路の壁面には、雪解け水が吹き出した穴は見られなかったという。草地だと地表からの水の浸透は少なく、地下の水みちの発達は進まないのだろう。

2009年頃の天売島の森林

焼尻島の森林周辺の斜面にも、湿った部分があり、渇水期でもそこから水が流れ出ていたことが、確認されている。これも、森林土壌に形成される水みちの働きと考えられる。

## 二・三　森林と水と人の関係

一九九八年に東先生がまとめられた「離島の水源林を育てる─天売島・焼尻島─」（社団法人北海道治山協会）には、森林の持つ水源かん養機能について、具体的な調査データーを用いて詳述されている。その中で、「森林に対する物質観と空間認識は混乱し、樹木自体が人間に働きかけるかのような錯覚に陥っている」と、それまでの議論を批判している。「つまり、土地のもつ地学的個性を無視した生物集団の営みに偏った見解が多すぎる」そうだ。

森林と水の関係を議論するためには、地質・地形・土壌・気象・植生（木本・草本）・動物・人間の営為など全てを考慮しなければならない。そして、具体的な地域を対象に、地質学・水文学・生態学・技術学で解析し、一般的な理解を求めるべきとしている。

離島という隔絶された小空間こそ、森林と水と人間との関係をとらえやすいとも述べられている。天売島と焼尻島は、過去に大量伐採と大火事で森林が大きなダメージを受けたこともあり、歴史的な変化をみることができる。

天売島と焼尻島においては、一九五四年以降の森林再生の努力があり、天売島民は水不足から解放されたという実感がある。一九七九年の四月中旬と八月初旬には、両島の湧水・河川水・排水側溝の全流量を計測したデーターが示されている。四月中旬は、長期積雪（根雪）終日から十日近く過ぎたころの比較的水量が豊かな時期、八月初旬は夏の渇水期の流量である。

この計測結果によると、天売島全島の流出量の四月と八月の差異は、焼尻島に比べて極端に大きいことがわかったという。天売島の四月の流出量は百四十六リットル／秒、八月はわずかに一・五リットル／秒で、百分の一に減少した。焼尻島の場合は四月に百八十三リットル／秒、八月は二十三・四リットルと八分の一への減少と差は小さい。

四月の流出は雪解け水などの直接流出が大きく寄与しており、八月のそれは地下水流出が多くを占めているはずである。地表流出と地下水流出の変化と、地質条件の相違が、このような差をもたらしているようだ。天売島の森林が再生されたとはいえ、焼尻島に比べて地表から土壌中に水をとどめる容量は小さいようだ。

「離島の水源林を育てる」には、一九七九年から一九八四年にかけて、天売島の各渓流で計測された渇水流量も示されている。一九九三年から一九九五年に天売島と焼尻島の渓流で

1994 年渇水期の流量観測

計測された渇水流量も、貴重なデータとして残されている。このような相対的小流量を渓流の流域面積で除したものを「渇水指標」として、東先生は流域診断に適用することにしたという。

　渇水指標は、地質系統ごとに大きな開きが認められる。おおまかに見ると、新第三紀層で四、中・古生層で六、花崗岩で十五、第三紀火山岩で十三、第四紀火山岩で三十五リットル／秒・平方キロメートルである。第四紀火山岩地帯は、雨水が山体に多く包蔵されているため、渇水指標として大きく現れる。

　しかしながら、ここで用いている流域面積は、あくまでも地表面の分水界で区切られた面積であり、地下水の集水面積と異なっている可能性がある。地表でしみ込んだ雨水が、隣の流域の地下水を潤していることもあるだろう。

　東三郎先生は、渇水指標を用いて、流域の持つ保水能力を表現できることを明らかにした。そして、豊かな森林を持つ流域は、保水能力が高いことを実証した。前述のように、流域の地質や地下の構造が、保水能力に影響していることも、渇水指標で示した。そして、水源林が育つことによって、流域の保水能力が高まることがわかってきた。

天売島の水源林整備による水源かん養機能は、施工後四十年を経て実感できるようになったと、「離島の水源林を育てる」の「結び」に記載されている。そして、その機能を果たす「地下水みち」の発達については、その後の研究調査に委ねたいとしている。しかし、島全体に森林空間が広がることは、雨雪水を直接海に流し込まない点で、水源かん養として有効だと述べている。また、自然の生態系の保全のためにも重要なことだとも付け加えている。

## 二・四　目的と手段を取り違えるな

東三郎先生からは、「森と水の話」に関わることだけではなく、広範な研究の魅力と、科学的、哲学的な考え方も教えていただいた。その中で最も記憶に残り、常に忘れないように大事にしている教えは、「目的と手段を取り違えるな」ということだ。

東三郎先生は、一九七五年に「環境林をつくる」（北方林業叢書、社団法人北方林業会）を刊

環境林をつくる（東三郎著）

行され、森林の持つ空間的な意義を明確にし、それを再生する方法を提案した。「環境林とは、人間が人間のために必要な空間を、半永久的に維持するための樹林であって、これまで一般的に扱われてきたように、木材生産を主とする物的資源としての樹木集団ではない。強いていえば、社会的な共有空間を確保するためのシンボルとして存在するのが環境林である」。

「環境林をつくる」では、「おもに北海道の荒廃地や海岸風衝地などのように、樹木にとっては生育条件の悪いとおもわれている場所において、長年にわたって観察したことがらを素材として」行われた研究を紹介している。その「現場的体験から、帰納的に森林の法則をとり出し、その法則を日常的な場面において、検証しようと試みた点に特徴がある」と序文に述べられている。

東先生は「環境林をつくる」において、林業的な利用を目的とする森林や、樹木学に基づく森林ではなく、新しい概念である「環境林」を定義した。そして、その再生を目的とした研究を体系的にまとめられた。明確な目的に基づいて、手段としての再生の方法を提案したのだ。先生自身が「逆説的な方法が用いられ」、「型破りの可能性をひきだそうとした」と述べられているように、本書では当時の森林の成育や造林に関する常識に疑問を呈するような表現も見られる。

この本に出会って、わたしは大学で教わっていた教科書的な知識が偏っている場合もあることを知り、常識を疑うようなへそ曲がりになってしまった。先生のように、きちんと科学的な根拠をもって常識に挑む努力をしていきたいと常々思って生きている。

東先生の次の著作である「地表変動論―植生判別による環境把握」（北海道大学図書刊行会、一九七九）においては、植生を指標として過去の地表の動きを明らかにする方法が提示されている。北海道の、そして日本の地表は変動が激しく、それに対応して樹木は侵入し、適応して育っていることを表した。

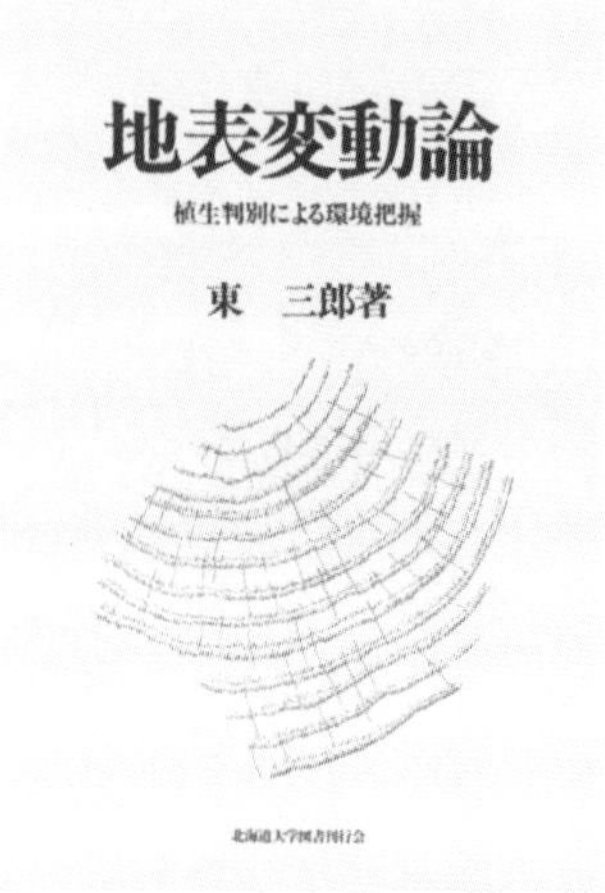

地表変動論（東三郎著）

大地に根を張る樹木が、地滑りや斜面崩壊を防いでいると捉えがちだが、それは本末転倒だと東先生はおっしゃった。そうではなく、地表変動が激しいところには樹木が生き残れないのだ、と逆説で答えた。また、地滑り地にはその動きに順応して生育する樹木の姿があることも明らかにした。

「地表変動論」を読んだわたしは、「動かざること山のごとし」に見えても、日本の山ではいろいろな現象が起こっていることを知った。「しずかなること林のごとし」も、ある意味では疑わしいものだ。森林という空間は、静かなようでもいろいろな生物が競争し、共存していて、なかなか賑やかに見えてくる。武田信玄が記したという「風林火山」を東先生はどうとらえていたのだろう？

低ダム群工法（東三郎著）

それまでの林学や生態学では、主に変動の少ない地表を前提としていたが、「地表変動論」では、より動的でダイナミックな議論が展開されている。

その後、一九八二年に東先生は「低ダム群工法—土砂害予防の論理」（北海道大学図書刊行会、一九八二）を著し、全国各地で進められていた砂防事業に対しても新しい視点を提示した。土砂災害を防ぐために、谷の出口に大規模な砂防ダムがどんどん建設されていることに対して、構造物建設が目的になってはいけないと主張した。砂防ダムは手段であって、その機能が流域を治めるという目的に合っているかどうかが大事なのだ。

東先生は、個々の構造物よりも、緩衝空間の存在意義を強調し、緑地としてその空間を保全することを提案した。「個々の構造物に全面的な防災効果を期待できなくなったということは、高度に経済の発達した社会では、しだいに理解されるようになる。それにたいして、まったく素朴であるが、緩衝空間の存在意義を認め、公園や緑地のような公共空間を安全弁とみる考え方も復活しはじめた。このような考え方は、伝統的な治水工法として知られている水害防備林の意義と一脈通ずるところがある」。

例えば、一九七七・一九七八年に噴火した有珠山では、泥流災害が発生し痛ましい被害が生じたが、大きな砂防ダムを建設することは困難だった。山腹には脆弱な火山灰が降り積もり、地殻変動が激しく、大きな砂防ダムに適したダムサイトはなかった。そのため、平面的に土砂を抑える遊砂地が多く設置されるようになった。ダムサイトが見当たらない火山地域や扇状地などにおいては、「低ダム群工法」で述べられているように、遊砂地のような緩衝空間に期待するしかない。

学生時代に東先生の教えを授かり、公僕技官になってからもいろいろな指導をしていただいたわたしは、すっかり東理論に染まってしまった。手段のみから発想する議論には反発し、いちいち目的を確認しないと前に進めない。目的を明確に示さないで、上部機関や上司の指示に追随する仕事には、常に疑問を持った。上意下達で整然と仕事を進めることが求められる役所組織にとって、困った公僕技官になってしまった。

# 第三章　せっかくなら良い仕事を楽しく！

天売島と焼尻島の応援プロジェクトを画策している頃、仕事としてどこまで取り込めるのか、遊んでいるようで顰蹙を買うんじゃないかなど、組織として取り組む難しさを感じていた。それまでも、地域の発展のために公共事業を進め、地域の方々の生活や環境に配慮してきたつもりだ。その過程で、天売島のウニや焼尻島のサフォークを美味しくいただく機会もあった。仕事の中で、心からワクワクするような楽しい経験をすることもできた。

そこで本章では、仕事を楽しくしようと試みてきた経緯、もしくは言い訳を書いておくことにした。そりゃ楽しい仕事ばかりができればよいけれど、個人的な選り好みで取捨選択はできない。みんながバラバラに好きなことをすれば、組織は成り立たないし、第一そんな時間的・物理的余裕はない。

しかし、そもそも仕事というものは、特に公共事業は、地域の発展のため、地域の方々のために行うもので、やりがいがあるはずだ。そのやりがいを実感できれば、仕事は楽しくなると思う。それが楽しくないのであれば、目的が間違っているのか、目的と手段を取り違えているのかもしれない。そんな楽しくやりがいのある仕事を増やすために、組織やマネジメントがどうあるべきか？

そのような疑問を解いていくために、いろいろな文献に頼り、自分なりに考え込んだ時期があった。ここでは、その個人的な試行錯誤の過程を述べさせていただく。参考にした文献の引用が多くなってしまうが、勘弁してもらいたい。わたしの言葉で述べるよりも、文献の引用の方が、より信頼できるでしょ。

## 三.一　楽しい仕事を増やしたい

わたしは、公僕技官として国土保全に関する仕事に従事し、現場のいろいろな公共事業を担当した。一九九〇年代には、公共事業に対する批判が多くなり、特に環境保全に対する配慮を強く求められ、風当たりが強かった。そういった状況の中で、裁判やマスコミ対応の仕事に振り回されることもあり、疲れきっていた時期もある。

また、組織で不祥事が発生すると、それに関わる事実関係の確認や再発防止の取り組みなど、書類を揃えて打ち合わせをする仕事が多くなる。不祥事の問題を明らかにし、再発させないためには、組織全体として対応しなければならない。

何事も、信頼を失うのは一瞬で、信頼回復には多大な時間とエネルギーが必要なのだからしようがない。そんな時には、上部組織から書類仕事の指示が止めどなく流れてきて、職場の仲間たちの表情には疲労の影が濃くなっていた。

かといって、行政組織の職員数は限られていて、膨大な書類仕事をこなすためには、どうしても超過勤務が増えてしまう。そして、説明責任を果たすために必要だと理解しつつも、書類を積み上げる仕事に疲れ、上部組織と上司から催促され、精神的に追い詰められる仲間も増えていた。

そんな様子を見て、これじゃ組織も職員も疲弊してしまうと思い、各現場を巡ってなんとか元気づけたいと考えた。現場で働いている仲間たちの本音を聞き、少なくともストレス発散に役立ちたかった。そのついでに聞いてみると、やりがいを感じる仕事や楽しい仕事の実感が乏しいことがわかった。そのような仕事が、勤務時間に占める割合は五〇%未満で、ほとんどの職員が一〇~二〇%と答えた。

給料をもらっているのだから、辛いのは我慢すべきだとか、楽しかったら仕事ではないと言い切る人もいるが、わたしは同意できない。どうせなら楽しく仕事がしたいし、楽しく感じることができれば、能率も上がるだろう。

わたしは、その取り組みを「楽しい仕事を増やそうよキャンペーン」と勝手に名付けて、現場の仲間に何度も同じ問いかけをした。楽しく意義ある仕事に専念するために、無駄に思えることや、意義を感じられない仕事はなんとか工夫をして減らそうと訴えた。

それを繰り返しているうちに、ある現場の若者が嬉しそうに、楽しい仕事を増やすことができたと、その経験を教えてくれた。職場を異動した機会に、本来するべき仕事に集中する工夫をして、全く楽しくなかった仕事が、一〇〇%楽しくなったという。そして、その根拠であり成果でもある、工夫を重ねたという書類を見せてくれた。

これは、できすぎだとも思えたが、ちょっとした声かけでも、少しは効果があるものだと、驚かされた。イヤな仕事を避けるわけにはいかないが、それぞれが優先順位をつけて仕事の進め方を工夫すれば、仕事に対する気持も変わるかもしれない。

その後、上部機関から新しい業務の方針について連絡があり、その説明を上司から聞く機会があった。新しい試みには賛同するものの、組織としての負担が増えそうに感じたので、わたしは優先順位について質問した。しかし、説明してくれた上司は、優先順位などつけられない、全てが大事だと断定した。まあ、想定していた通りの答えで、しようがないことなのだろう。でも、全ての項目に全力投球するのは無理だ。

ちょうどそのころ、東京大学大学院経済学研究科教授の高橋伸夫さんが著した「できる社員は『やり過ごす』」を本屋で見つけた。それを読んでみると、わたしたちの感じていた悩みはどこの組織にもあり、それを乗り越える方法も述べられていた。経営学専門の教授が、経営陣が怒ってしまいそうな「やり過ごし」の効能について、研究成果に基づき、わかりやすく説明してくれたのだ（高橋伸夫：できる社員は「やり過ごす」、二〇〇二）。

この本では、『やり過ごし』『尻拭い』などという、一見しょうもない現象にこそ、調子の良い日本企業のほんとうの強さの秘密がかくされていると確信している」と述べられている。「しかも、それがわれわれの心の奥底に潜んでいる価値観・世界観をみごとに体現しているものなのだ」。

しかし、「できる社員は『やり過ごす』」について、職場の飲み会の席で紹介してみると、思った通り上司からお叱りを受けた。行政組織において、上司から命じられた仕事を「やり過ごす」など、あってはならないと睨まれた。まあ、そういわれることはわかっていたけれど…。わたしは、その言葉も「やり過ごす」ことにして、先輩諸氏に対しては「優先順位を自分なりにつけて納得していただく」と言い換えることにした。

誰しも、特に忙しい時に次から次へと仕事を言いつけられたら、「やり過ごす」とはいえないまでも、順番を決めて片付けていくだろう。そして、そのうちに必要のなくなる仕事も出てくるに違いない。優先順位のつけ方によって、仕事の効率性や必要な時間が大きく変わるはずだ。

上司や上部機関から押しつけられる過剰な仕事の弊害については、別な観点からも論じられている。「命令連鎖型組織の管理職は、部下の組織に仕事の要求水準を上げて、中間管理職やその部下をボスの要求に従うのに精いっぱいにさせて、『ギフト』する余裕を奪う傾向にある。その結果『縄張り根性』や『組織エゴ』と呼ばれる利己主義が不可避的に形成される」（ギフォード・ピンチョー：職場に共同体を築く（第四部第一一章）、未来社会への変革―未来の共同体がもつ可能性、一九九九）。

ここでいう「ギフト」とは、組織の仲間や顧客、社会のために行う配慮や貢献を指すのだろう。

部下の仕事の全てを自分の思い通りにさせたいと思う上司は、かえって仕事の能率を低下させる。それだけではなく、組織の問題を大きくしてしまうようだ。

## 三.二　信頼で繋がる組織

「楽しい仕事を増やそうよキャンペーン」を唱えていたのは、二〇〇〇年有珠山噴火災害対応を経て、復旧復興に邁進している時期だった。わたしは、二〇〇〇年有珠山噴火非常災害現地対策本部に派遣され、とても貴重な経験をさせていただいた。その後の復旧・復興の仕事において、非常時の勢いを平常時にも生かしたいと思っていた。

災害が発生するなどの緊急の際には、平常業務を後回しにしてでも対応に集中せざるを得ない。否応なく優先順位をつけて仕事をこなすことになり、楽しいかどうかなど考えてはいられなかった。

一方で、地域の方々を守るための災害対応は、とてもやりがいがあり、自分たちの日頃の仕事の成果が試される機会でもあった。仕事は次から次へと押し寄せてきて、ゆっくりと相談しているヒマもない。「縄張り根性」や「組織エゴ」を持ち込むことなど許されず、とにかく仲間や関係機関と協力して走り続けなければならなかった。

その時の経験を日頃の仕事の進め方に生かせれば、効率的にもなるし、やりがいが増えるかなとも思った。でも、平常時にその緊張感を持続することは無理だし、疲れ果ててしまう恐れもある。

有珠山噴火直後に現地の対応を終え、その支援をしているはずの上部組織の会議に出席したときには、失望した覚えがある。組織の幹部たちが、大きなテーブルを囲んで、様式に則った分厚い資料を前に、間延びした報告と質問を繰り返していた。そして、ある幹部は、資料の分量が多すぎると文句をいって、疲れきった担当者を追い詰めていた。

一世を風靡したドラマ「踊る大捜査線」を思いだし、「事件は会議室で起きているんじゃない！　現場で起きているんだ！」と叫びたくなった。どこにでもあるような話だし、このセリフって、いろいろな場で使えそうだよね。

そんなこともあって、組織やマネジメントに関わる疑問は深まるばかりで、考え込む機会が増えていった。そして、関連する書籍を濫読して、自分なりに頭の中を整理しようともがいていた。

組織論やマネジメントの第一人者である、ピーター・F・ドラッカーと、その仲間たちの書籍には、その疑問に答えてくれるようなヒントが多くあった。そして、それを参考に、課題を少しずつ整理して、自分なりに考えをまとめることにした。ドラッカーは、二〇〇五年に亡くなるまで、組織論やマネジメントの膨大な著作を残し、彼を取り巻く研究者も、多くの研究成果を発信している。

ドラッカーは、政府におけるイノベーションが、最大の課題だと述べている。「先進国の政府のうち、今日まともに機能しているものは一つもない。アメリカ、イギリス、ドイツ、フランス、日本のいずれにおいても、国民は政府を信用していない。あらゆる国で政治家のリーダーシップを求める声が聞こえる。だが、それはまちがった声だ。あらゆるところで問題が起こっているのは、人に問題があるからではない。システムに問題があるからである。…今後二十五年間、イノベーションと起業家精神がもっとも必要とされているのが政府である」（ピーター・F・ドラッカー：ネクスト・ソサエティ―歴史が見たことのない未来がはじまる、二〇〇二）。

わたしごときが、政府組織を批判するわけにはいかないし、民主主義の社会で、選挙で選ばれた政治家をないがしろにはできない。多くの素晴らしい政治家にもお目にかかった。でも、明らかなウソを平気で言い続ける政治家を見ると、幻滅することがある。行政組織の証拠書類の改ざんや隠蔽、破棄のニュースを聞くと、ドラッカーの指摘が的を射ているように感じられる。

「今日、数多くの組織が行き詰まっているのは、何の目的で共に集まるかという明確な目的を見失っているからである。学校はめったに地域の要求を認識せず、病院や政府や軍隊にしても、同じことである。このような組織は何を人々に提供すべきかについての共通の理解を、われわれはすでに失ってしまっている。…忘れ去られているのは、なぜ、そしてどのように、共にあるべきかという対話なのである」（マーガレット・J・ウィートレー、マイロン・ケルナーロジャース：共同体の逆説と可能性（第一部第一章）、未来社会への変革―未来の共同体がもつ可能性、一九九九）。

すなわち、行政組織においても何をするべきかという目的が曖昧で、国民や地域の方々との共通理解が不足しているというのだ。だからこそ行政組織は、本来の目的を繰り返し確認しなければならない。

もちろん、行政組織は組織規定が決められているので、それから逸脱することは許されない。その組織規定に則って、ただ毎年同じことを繰り返すのではなく、地域の要望を素直に聞いて、その時点で行うべきことを確認しながら進んでいくべきなのだろう。それをいちいち上意下達で徹底するのは面倒くさそうだが、そういう意識で仕事をするだけでも意義があるんじゃないかな？

また、ドラッカーは「組織はもはや権力によっては成立しない。信頼によって成立する」とも述べている。「信頼とは好き嫌いではない。信じ合うことである。そのためには互いに理解していなければならない。互いの関係について、互いに責任を持たなければならない。それは義務である」（ピーター・F・ドラッカー：明日を支配するもの―21世紀のマネジメント革命、一九九九）。

役所組織は階層構造を基本に設計され、上意下達の命令系統が確立されているので、信頼関係よりも権力構造が重視されているように感じられる。組織が大きくなり複雑になると、役所でも民間企業でも、命令系統の強化に力が入ってしまうようだね？　でも、組織の形がどうであれ、信頼関係に基づく組織ならば、仕事がより円滑に進むはずだ。

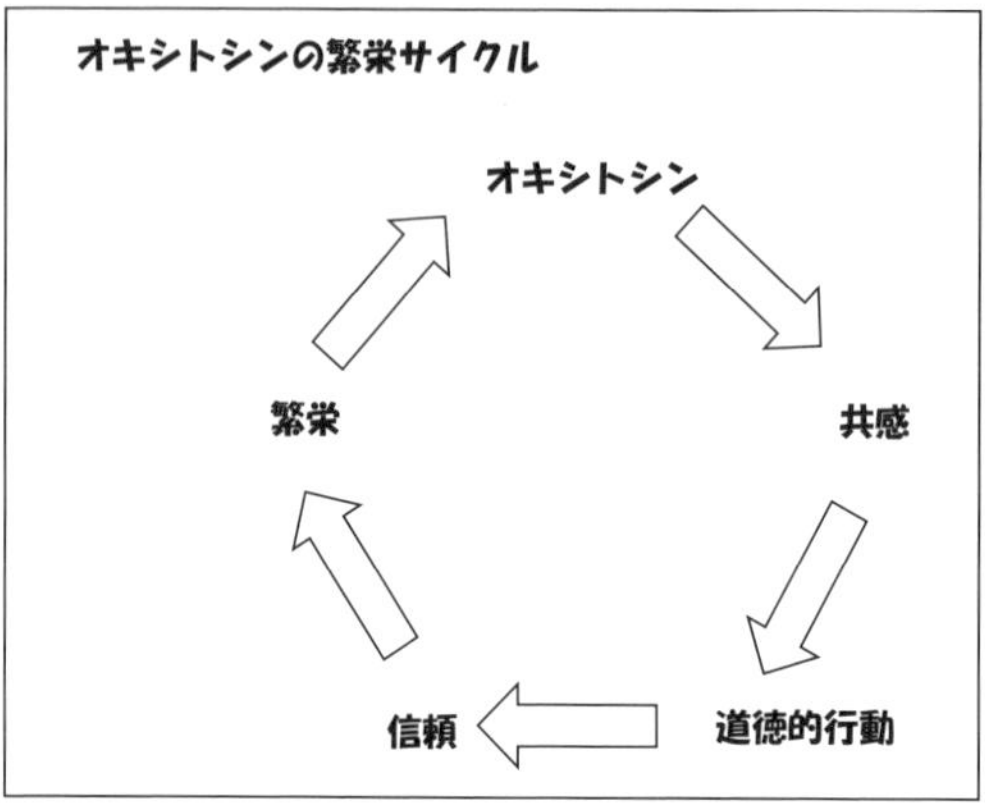

オキシトシンによる繁栄サイクル

この「信頼関係」の重要性は、神経経済学の分野でも、裏付けられている。神経経済学は、クレアモント大学院大学教授で、神経経済学研究センター所長のポール・J・ザックが提唱し、世界的に注目を浴びるようになった研究分野だ。

ポール・J・ザックは、脳内化学物質である「オキシトシン」が、愛と信頼の醸成に深く関わっていることを明らかにした。信頼を込めた人間の振る舞いは、お互いのオキシトシン分泌をより増加させ、相乗効果を発揮することを実験で明らかにした（ポール・J・ザック：経済は「競争」では繁栄しない―信頼ホルモン「オキシトシン」が解き明かす愛と共感の神経経済学、二〇一三）。

そして、「道徳的な行動は、取引の効率と収益性を高めるのだ。こうして『善循環』には新たな要素が加わる。それは、より大きな経済的パイ、つまり繁栄をそれなりに全員が共有できれば、それがストレスを減らし、信頼を増し、その結果、さらにオキシトシンが分泌され、さらに善循環が続く」という。

もちろん、彼はお花畑的な社会を前提としているわけではない。「ごまかしや搾取が当たり前と考えている人がビジネスの世界には掃いて捨てるほどいる」しかし、「道徳的な行動は、取引の効率と収益性を高める」。そのことをポール・J・ザックは研究として実証したという。信頼感に基づく道徳的な行動は、組織内でも外部との関係においても、長い目で見れば効率的で経済的なのだ。

これは、市場原理主義に突き進んできた今までの社会では、にわかに信じられない話である。市場経済は、個人や複数の組織が、切磋琢磨しながら競うことによって成り立ち、発展していると考えられてきた。しかし、神経経済学によると、信頼感に基づき道徳的な行動をとることで、全体的な収益性が増し、相乗効果が期待できるというのだ。

市場原理主義の環境面、社会面における問題については、ノーベル経済学賞受賞者のジョセフ・E・スティグリッツも警鐘を鳴らしている。スティグリッツは次のように、個人主義と市場原理主義が共同体の一体感を蝕み、社会の分裂を拡大し信頼関係にも影響を与えたと述べている。

「わたしたちはそれとは別の道を突き進んできた。物質主義が道徳的責任を駆逐するような社会を生み出したのだ。わたしたちが成し遂げた急速な進歩は、環境面でも社会面でも持続不可能なものだった。また、わたしたちは一個の共同体として、共通の課題に一致協力して取り組むということをしなかった。それは、ひとつには生硬な個人主義と市場原理主義が共同体の一体感を蝕み、だまされやすい無防備な個人へのひどい搾取をもたらし、社会の分裂を拡大してしまったからだった。信頼が蝕まれてしまった。それも、金融機関に対する信頼だけにとどまらない。しかし、その亀裂をふさぐ努力を始めるのに、遅すぎるということはない」（ジョセフ・E・スティグリッツ：フリーフォール―グローバル経済はどこまで落ちるのか、二〇一〇）。

そう、問題に気づいたときから、それを乗り越える努力の第一歩を踏み出さなければならない。

本章の記述は、文献からの引用ばかりで読みづらいと思うけれど、もう少し我慢していただきたい。困った問題について考え込んでいると、文献の中に答えを見出すことがある。そんな時、とてもうれしく感じて、わたしはそれを抜き書きするようにしていた。そして、その抜き書きを整理してみると、自分なりの考えがまとまってくる。

## 三.三　変化を乗り越え、進化するマネジメント

前述の通り、有珠山噴火災害対応では、組織とマネジメントのありかたについて、多くのことを考えさせられた。そして、災害のような危機に対応する仕事は、組織の柔軟性と効率性を高めてくれる機会としても利用できそうだと感じていた。

二〇〇〇年有珠山噴火災害で一人の犠牲者が出ることもなく、現地対策本部が効率的に機能したのは、組織運営とマネジメントの成果だろうか？　確かに、噴火災害による被害を最小限にするという明確な目的に基づき、現地対策本部という組織が成り立っていたのは事実だ。行政組織と関係機関、そして研究者などの専門家、マスコミも含めて、信頼関係で繋がっていたことの成果かもしれない。

2000年有珠山噴火非常災害現地対策本部（岡田弘先生より）

当時の現地対策本部のメンバーは、興奮してアドレナリンが過分泌だったはずだが、意見を戦わせながらも協調性が保たれていた。アドレナリンとは相性が悪いはずだが、愛と信頼のホルモン「オキシトシン」も効果を発揮していたのだろうか？

「組織が生き残りかつ成功するためには、自分がチェンジエージェント、すなわち変革機関とならなければならない。変化をマネジメントする方法は、自ら変化をつくりだすことである」。それによって、「変化を脅威ではなく、チャンスとして捉えるようになる」ことができるらしい（ピーター・F・ドラッカー：ネクスト・ソサエティ―歴史が見たことのない未来がはじまる、二〇〇二）。

世の中の変化が激しく感じられる昨今、変化をマネジメントすることが、なおさら重要になってくるだろう。そして、ドラッカーは、そのためには「技術」が重要であり、「技術」を活かすためには、「テクノロジスト」の存在が不可欠と述べている。

「しかし、まさに今日こそ技術は重要な意味を持つにいたっている。技術は行動の世界と知識の世界をまさに結びつけるもの、人類の歴史とその知識の歴史を結びつけるべきものとなっている。したがって、かつては端に散らばっていた技術が、いかにも中心に位置づけられるようになったかという問題こそ、今日研究し、解明し、報告しなければならないことである」（ピーター・F・ドラッカー：テクノロジストの条件―ものづくりが文明をつくる、二〇〇五）。

二〇〇〇年有珠山噴火対応が円滑に進められたのは、研究者などの専門家の存在のおかげともいわれている。そんな研究者こそ、科学的な研究に基づいて、災害被害軽減の技術を持つ「テクノロジスト」の代表例といえそうだ。テクノロジストたちは、研究室に閉じこもるわけではなく、ヘリコプターや徒歩で現場に向かい、地元の方々と常に連絡を取り合っていた。

「イノベーションとは分析的な作業であるとともに、知覚的な作業である。したがって、イノベーションを行うものは、みずから出かけ、見たり聞いたりしなければならない。イノベーションを成功するには、左脳と右脳の両方が必要である。数字を見るとともに、人を見なければならない。分析を行うとともに、みずから出かけ、ユーザーとなりうる人たちを観察し、彼らの期待、価値ニーズを把握しなければならない」（ピーター・F・ドラッカー：テクノロジストの条件―ものづくりが文明をつくる、二〇〇五)。

変化をマネジメントすることにより、イノベーションが起こると考えると、そのイノベーションを行うものとして、テクノロジストの存在が重要なのだろう。テクノロジストが、自分の頭を使って分析をし、現場に自ら出かけて考えることが大事らしい。そして、地域の方々のニーズを理解して、実践することにより、イノベーションが生まれるのだ。

ドラッカーは、知識労働と肉体労働の両方を行っている技術労働者を「テクノロジスト」と呼んだという。「技術者」というと、理系の科学的、技術的能力を持った者と思いがちだが、文系でも専門的知識を駆使するテクノロジストがいるはずだ。有珠山現地対策本部においても、内閣と十六省庁から行政官が集まり、理系文系に関わらず得意な分野を駆使して対応にあたっていた。

ちなみに、わたしは「理系」か「文系」か? と問われると、「体育会系」とうそぶいていた。知識や理屈にこだわって考えてばかりいるよりも、軽いフットワークで、とにかく一歩踏み出す姿勢を大事にしたかった。なんて戯れ言はさて置いて、いろいろなワザを持つテクノロジストや達人たち、考えながら現場で実践する人が求められているのだ。

## 三．四　仕事のぜい肉減らしましょうキャンペーン

わたしは、公僕技官の端くれとして、テクノロジストという言葉に憧れ、自分もそうなりたいと願っていた。現場に自ら出かけて、地域の方々の期待に答え、社会のイノベーションに貢献したいと考えた。

しかし、天売島応援プロジェクトを画策していたころ、わたしの所属していた組織では、いろいろな問題が山積みで、その対応に追われていた。コンプライアンスを守るマニュアル作りの一方で、超過勤務を削減するための業務改善が求められていた。業務改善を遂行するための書類仕事で、超過勤務が増えるという悪循環に陥る恐れもあった。

テクノロジストとか、イノベーションとか、格好の良いことをいっても、現実的、時間的にそんな余裕はないと敬遠されそうだった。天売島・焼尻島の応援プロジェクトを進めて、テクノロジストや達人たちの力を得て、イノベーションを試みたかったが、組織として対応できるのだろうか？

そこで、気分転換の意味も含めて、「仕事のぜい肉減らしましょう」キャンペーンを始めることにした。本来力を入れるべき仕事の目的を明確に意識し、それに沿って業務を効率化

し、無駄を減らす努力をしよう。どんどん増える書類仕事や会議などを取捨選択して、仕事の効率を高め、スッキリするために「体系的廃棄」を目指そうと訴えた。

この「体系的廃棄」という言葉もまた、ピーター・F・ドラッカーからの受け売りである。「実は、書類仕事を減らすことの最大のメリットは、人間関係に使う時間を増やすことにある。企業の幹部たるものは、大学の学部長やオーケストラの指揮者ならば当然のこととしていることを知らなければならない。優れた組織をつくりあげる鍵は、働き手の潜在能力を見つけ、それを伸ばすことに時間を使うことである」（ピーター・F・ドラッカー：ネクスト・ソサエティ―歴史が見たことのない未来がはじまる、二〇〇二）。

「仕事のぜい肉減らしましょう」キャンペーンの手始めとして、優先順位が低く廃棄またはスリム化できる書類仕事や会議のアイデアを募集した。そして、それを無理のない範囲で少しずつ段階的に実践し、効果や弊害を確認し、記録に残すように提案した。ただし、その取り組みが逆に書類仕事などを増やさないよう、注意する必要がある。

このキャンペーンで報告された中から、良いアイデアや工夫について、「仕事のぜい肉減らしま賞〜体系的廃棄賞」として表彰することになった。わたしは言い出しっぺの責任をとって、受賞者に寿司をごちそうすると約束した。アイデアや効果を競うのではなく、その努力を楽しく褒め称え、将来に活かすことを目指したつもりだ。

およそ一年間に及ぶキャンペーンの結果、五人から十二件の「体系的廃棄」の提案があった。書類作成の簡素化や廃止、入札発注行為の手続きの担当者レベルでできる簡素化、行政判断に関わる効率化などのアイデアだった。ちょっとした工夫だが、体系的に積み重ねれば、省力化に効果がありそうだ。

受賞選考会では、十二件のアイデアや工夫は、どれも素晴しいという評価で、五人全てを「仕事のぜい肉減らしま賞」として表彰することになった。言い出しっぺの責任として自腹を切る予定だった寿司代は、仲間たちの応援で、わたしの負担を軽減してくれた。授賞祝賀会では、表彰者と受賞選考会の面々が美味しく寿司をいただいた。

仕事のぜい肉減らしま賞

〇〇〇〇〇〇部　〇〇〇〇〇〇課

〇　〇　〇　〇　殿

貴殿は平成二十三年度「仕事のぜい肉減らしましょう」キャンペーンにおいて、仕事の効率化に向けた体系的廃棄に関する優れた提案を行いました。

これは貴殿および職場の仲間たちの日頃からの前向きなご努力のたまものであります。ここに、その功績を讃え表彰するとともに、さらなる発展を祈念いたします。

平成二十三年十二月十三日

〇〇〇〇〇〇部長　〇　〇　〇　〇

仕事のぜい肉減らしま賞　表彰状

こんな短時間の簡単な試みで、組織が変わるとは思えないけれど、少しでも楽しむ機会をつくりたかった。くそ忙しくて、時間に追われている職場において、自分たちの仕事をちょっと見直して、気分転換の機会にでもなれば幸いだ。

その数年後に受賞者の一人に会ったとき、彼のデスクの後ろに「仕事のぜい肉減らし賞」の表彰状が飾ってあった。彼は、誇らしげに胸を張って、ドヤ顔の笑みを浮かべた。お義理でも良い、喜んでいただけたならば…。

わたしは、こんなヘンなことを試みながら、組織とマネジメントにおける重要なことを学ばせていただいた。現場を大事にすること、信頼関係を醸成すること、専門家のアドバイスを聞き、関係機関と連携すること、優先順位をつけ勇気を持って無駄を省くことが、仕事を円滑に進めるコツである。当たり前のことかもしれないけれど、日頃から準備しておかないと、ここぞというときに実践できない。

離島など地域の方々を応援するような活動は、役所組織だけでは対応できないことも多く、より幅が広く柔軟な組織やマネジメントが求められるだろう。まずは、いろいろなワザを持った達人（テクノロジスト）たちが、目的を共有しながら、信頼感によって繋がる仕組み作りから始めるべきだろうか？　そう確信し、試行錯誤しながらでも共感と信頼感を醸成しつつ、少しずつ実践していきたいと願っていた。

わたし自身が達人になる自信はなかったが、達人たちの調整役になれれば良いかな、と思い始めていた。プロジェクトの目的に応じて、必要な技を持つ達人たちに集まっていただき、円滑な連携をとって進んでいくための繋ぎの役割も必要なのだ。それぞれの達人たちの分野の言葉を翻訳して伝える役割というか、接着剤というべきか？　コーディネーターと呼んだら、カッコよすぎるかな？

# 第四章　島と海と森の話

前章で述べたような公僕としての悪あがきを経て、地域のためになって、やりがいのある、楽しいプロジェクトを企画したいと模索した。でも、公務に忙しい役所として、楽しい仕事を組み込むためには、優先順位をつけて仕事を片付け、余裕を作らなければならない。そして、ただ楽しいからという理由ではなく、すべきことの目的を明確にして、組織の中で理解を深める必要がある。

そういう仕事が増えていけば、仕事を担う職員と関係機関が信頼感で繋がり、仕事を進めるごとに相乗効果で信頼が深まっていく。そして、その楽しい仕事は組織の柔軟性と効率性を高め、変化をチャンスとして捉えるようになるんじゃないかな？

変化をマネジメントするためには、技術を活かす達人（テクノロジスト）が重要な役割を持ち、自分たちと外部の専門家がそれを担う。そして、職員と達人たちが、現場において地域の方々と協働することにより、イノベーションが可能になりそうだ。

そのイノベーションの始まりが、この章で述べる「天売島民を対象としたセミナー」であり、天売小学校の授業、天売高校の「天売学」授業に発展していった。そして、とても魅力的な達人たちを巻き込んだ「天売島応援プロジェクト」へと繋がっていく。

## 四．一　天売小学校の授業

ひょっとすると、自分はこの時のために生きてきたのかもしれない。時々、わたしはそう思って、喜びに浸ってしまう瞬間がある。たとえ、それが独りよがりの自己満足であっても、単なる勘違いであっても嬉しいものだ。幸せホルモンのセロトニンか、愛と信頼のオキシトシンが分泌され、感動が体を駆け巡る。時によっては、涙ぐんでしまうことさえある。

わたしたちは、いろいろな経緯を経て、多くの方々の応援を得て、天売島の小学校で「島と森と水の話」という授業を実施できることになった。小学校の玄関前に立つと、やりがいのある仕事に出会えた喜びが、胸に湧き上がってくる。

一時期森がなくなり、水資源が枯渇した天売島だけれど、先人の力で緑と水が復活した。その歴史を子供たちにも知ってもらいたい。森と海は水を通じてつながっていて、森が蘇れば、海も豊かになる。それを実感として理解してもらい、さらに豊かな森を目指す取り組みを授業として実施するのだ。

これが実現するきっかけは、二〇一二年九月に天売島民に集まっていただいたセミナーだった。二〇一二年六月の現地調査の結果をもとに、島民の方々と議論する場を企画させていただいた。天売島の森と水について、過去を振り返り、島の方々を応援していく方策を検討するのが目的だ。

セミナーでは、石川県立大学教授の柳井清治さんによる「森が育む水辺と海の生き物」、北海道工業大学教授（当時）の岡村俊邦さんからは「島と森を豊かにする森のつくり方」と題した講演が行われた。柳井さんも岡村さんも、北海道大学の林学科出身で、お二人とも現場主義の最先端の研究を進めながら、その成果を専門以外の方々にもわかりやすく説明してくださる。

柳井さんは、自ら海に潜って、海の生物と森からの物質循環について研究していた。積丹の現場では、森から流れ出る落ち葉が海のくぼみに溜まり、それをヨコエビが食べ、ヨコエビがクロガシラカレイに捕食されることを明らかにした。その映像はＮＨＫの番組で公表され、このセミナーの中でも紹介された。

岡村さんは東先生と一緒に、天売島と焼尻島の森林と渇水期の沢の流出量を実際に測って研究した実績がある。また、その研究も踏まえて、自然に近い森林が様々な効用を持つことを主張し、一九九一年から多様で地域にあった自然に近い森林の再生に尽力されている。

セミナーには、天売小中学校の校長先生をはじめ先生たちも参加し、特に海と森のつながりについて興味を持っていただいたようだ。島民の方からもいろいろな質問が出て、両教授が丁寧に答えてくださった。

議論の中で、生活排水が海にもたらす影響についての質問もあったが、その場では明確な答えはできなかった。これについては、将来の一つの課題として受け止めさせていただき、後述のように応援プロジェクトにおける水質浄化の工夫に繋がっている。

セミナー後に、天売小中学校の校長先生は、講演の内容を子供たちにも理解できる授業にしてほしいと、わたしたちに求めてきた。わたしたちはこの機会を逃すまいと、早速その翌日に小学校を訪れ、授業実施の予定を決めた。

そんな経緯で、二〇一二年十一月から天売小学校の「島と海と森の話」授業が、関係機関の協力のもとに始まった。二〇一二年の授業では、教室の座学だけではなく、フィールドワークを組み込んだ。森の中のフットパスを歩いて、ミズナラのタネなど、森の恵みに触れる宝物探しを楽しんだ。森と水、そして川や海の生物の繋がりについて、実感できるプログラムを心がけた。

宝物探しは、二〇〇四年から始めた洞爺湖温泉小学校の「緑はどうなった？」授業でも実施している。これは、洞爺湖畔の森林に生育する樹木のタネなどの宝物を集めながら、森の魅力を感じることも目指している。この授業では、採取したタネを苗に育てて、有珠山の泥流対策の防災施設周辺に植樹するという取り組みが続けられている。

二〇一三年の「島と海と森の話」授業では、岡村俊邦さんと林業試験場の長坂晶子さんを講師として招き、授業と実習をお願いした。密度が高く成長し暗くなった森林と、林縁の明るい部分に侵入した稚樹の観察をした。そして、暗いトドマツ林に入り、健全な森に育てていくための手法について、岡村さんから教わり、児童たち自ら育成木と伐採木を選び、テープでマーキングをした。

それから、長坂さんの指導で、森林を流れる沢に入って、落ち葉と底生動物を観察した。森林の落ち葉は、沢に入って底生動物によって細かく砕かれ、分解されながら海に入り、魚類などにも利用される。その過程の一部を実際の沢で見ることができた。

天売小学校授業（2013 年 8 月 29 日）

## 四．二　グイマツを伐採しミズナラを植える

二〇一四年の授業では、前年同様の授業と現地実習に加えて、実際にグイマツを間伐し、タネや苗を植えるメニューも組み込んだ。天売島の森林は保安林に指定されているため、伐採するためには許可を取らなければならない。子供たちが伐採する量はわずかではあるが、羽幌町を通じて、北海道の伐採許可を取って準備する必要があった。

小学生のグイマツ伐採（2015 年 9 月 24 日）

授業の中で、子供たちは暗く密集して育ったグイマツ林に入り、岡村さんの指導で育成木と伐採木のマーキングをした。そして、ノコギリを使って自分たちで伐採木を切り倒す。天売島のグイマツは、根本直径が十センチメートル、樹高が二、三メートルほどなので、子供たちでもノコギリで伐ることができた。

グイマツを伐った後、林の上を見上げると、それま

でグイマツの樹冠で閉ざされていた空が、ぽっかりと明るく見えるようになる。そして、その光の入るようになった林床に、ミズナラのタネや苗木を植える。ミズナラの苗は、二年前からの授業でタネを取り、ポットに植え付けておいたものだ。

子供たちと伐採したグイマツは、せいぜい三十本ほどで、全体的にはまだまだ暗い林である。そして、ミズナラのタネと苗を植えた数も森林の樹木数に比べればわずかなものだ。でも、一度に多く伐採して風などの影響で倒れたり枯れたりしても困るので、少しずつ手を入れていくのだ。暗く閉ざされたグイマツの単層林が、徐々に多様な針広混交林に変化するきっかけとなれば幸いだ。

ミズナラのポット苗植栽（2015年9月24日）

この時の授業は、留萌観光連盟を通じて、北海道開発協会より助成金をいただくことができたので、講師の謝金や旅費を準備することができた。地域活性化活動助成事業「離島観光地の森林および生活環境改善のための社会実験」として、報告書も残っている。

二〇一五年も天売小学校の「島と海と森の話」授業を実施することができた。この年は、岡村さん、北海道大学大学院学術研究院の布川雅典さん、水産試験場の秋野秀樹さんに講師をお願いした。前年と同様に、海と森の物質循環や、動植物のつながりについて、具体的な材料で理解を深めてもらう。また、グイマツの間伐も実施して、空いた林床に、ミズナラのタネや苗を植えた。

天売小学校の授業は、二〇一二年から四年間実施することができたが、二〇一六年以降は、同じ形での実施は困難になってしまった。校長先生をはじめ、先生たちは二年ほどで異動するし、応援してくれる自治体職員も長くいるわけではない。小学校はいろいろなイベントが増えて、カリキュラムに余裕がなくなったことも一因である。

わたしたちも、このような授業の企画と実施を本業としているわけではないので、続けるためにはエネルギーも時間も必要だ。ただ、そんなことができるのは自分たちだけだろうし、大事な仕事だと信じているから、何とか続けたいと努力してきた。なんといっても楽しいし、やりがいのある仕事なのだ。

二〇一二年の授業の時は、わたしは留萌管内の基盤整備や国土保全の仕事に携わっていたので、仲間と一緒に公務として参加した。二〇一三年には異動して札幌勤務だったが、比較的自由度のある立場だったので、出張で島を訪れることができた。二〇一四年には、独立行政法人の研究所に移ったが、研究成果を活用し、地域の発展と活性化を目指すための新たな教育モデルの開発だと屁理屈をこねて企画し実施した。

二〇一五年にわたしは、公僕としての職を退官したが、引き続き天売小学校の「島と海と森の話」授業の企画運営に携わった。立場がどうなろうと、やらなければならない仕事は引きずっていくのだ。退官後の立場としては、「みずみどり空間研究所」の主宰と名乗り、地域の発展を促し、そのための環境教育を進めることも研究所の目的に連ねていた。

## 四.三　ウニとコンブ

わたしが以前に勤めていた研究所には、水産土木チームがあって、研究の一環としてウニを飼育していた。コンブの成長とウニの捕食の関係についての研究に興味を持ち、いろいろと教えてもらったことがある。コンブが大きくなる前に、ウニが根こそぎ食べてしまうと、コンブは十分に育つことができず、ウニも実入りが悪くなってしまう。そこで、その研究チームは、海水の流れでコンブが揺れ動き、ウニの捕食に影響を与える方法を研究していた。天売島は良質なウニでも有名で、それは海域の豊かなコンブの成長に支えられている。しかし、天売島の周囲全てが良好なウニの漁場ではなく、場所により条件が異なっているらしい。そのことについて、東海大学生物学部海洋生物科学科教授の櫻井泉さんのもとを訪れ、教えてもらうことにした。

櫻井さんは、前職の北海道水産試験場で、林業試験場と一緒に、海と川と森をつなぐ物質循環の研究を行って、注目を集めていた。その時の林業試験場では、先述の石川県立大学教授の柳井さんが流域保全科長を務めていて、部門横断、研究機関連携の画期的な研究を進めていた。

森からの落ち葉が川を流れ、底生動物によって分解されながら、海に流出すると、海底に落ち葉だまりができる。そこに集まるいろいろな海の生物が落ち葉を利用し、分解していく。林業試験場と水産試験場の共同研究では、その物質循環を定量的に明らかにしていた。

そして、物質循環の中の逆の動き、海の栄養で大きく育ったサケなどの回遊魚が川を遡上することにも注目し研究していた。ヒグマなどの動物は、川でサケなどを捕食し、海の栄養を陸域に還元する役割を持っている。

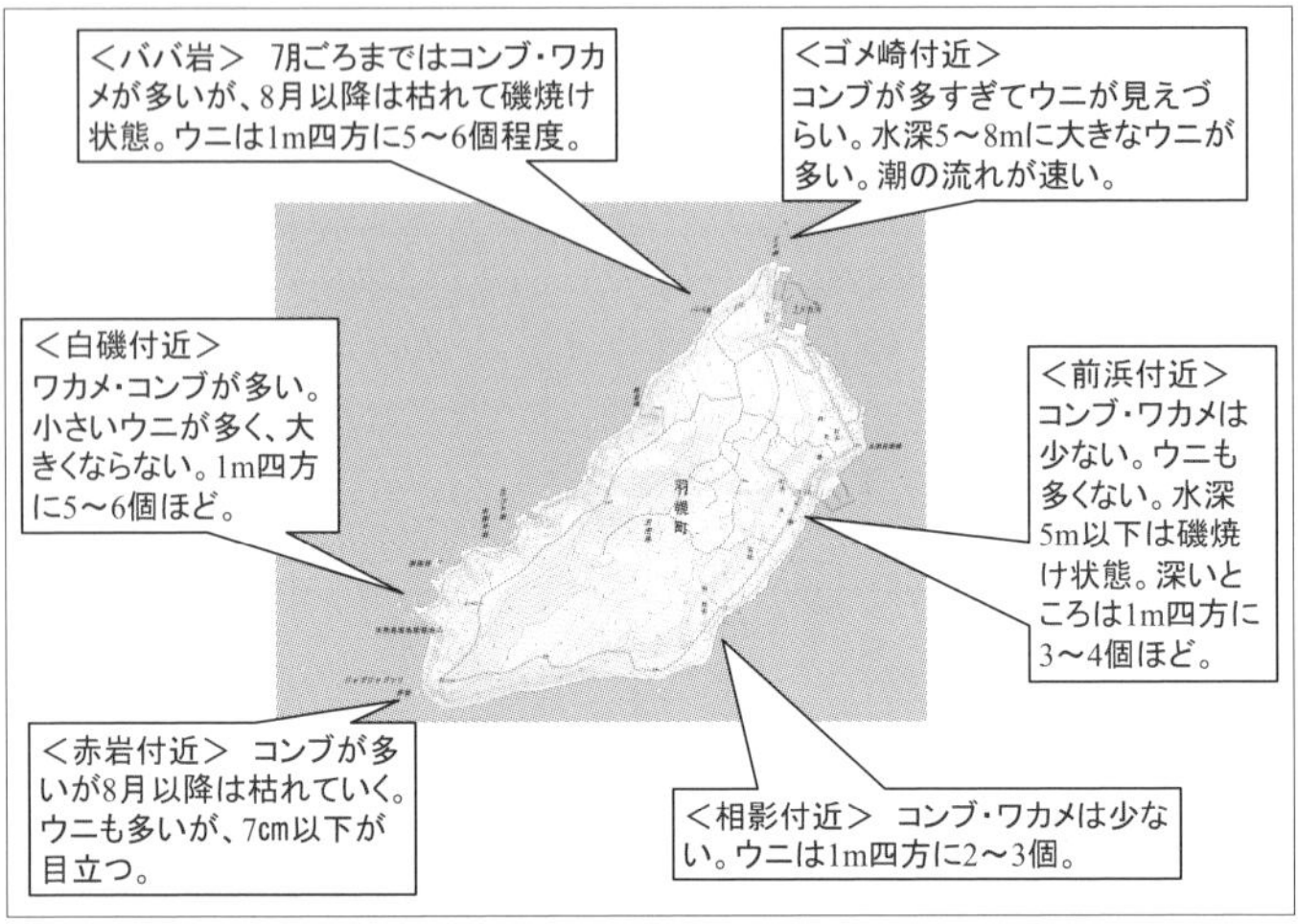
＜ババ岩＞　7月ごろまではコンブ・ワカメが多いが、8月以降は枯れて磯焼け状態。ウニは1m四方に5～6個程度。
＜ゴメ崎付近＞
コンブが多すぎてウニが見えづらい。水深5～8mに大きなウニが多い。潮の流れが速い。
＜白磯付近＞
ワカメ・コンブが多い。小さいウニが多く、大きくならない。1m四方に5～6個ほど。
羽幌町
＜前浜付近＞
コンブ・ワカメは少ない。ウニも多くない。水深5m以下は磯焼け状態。深いところは1m四方に3～4個ほど。
＜赤岩付近＞　コンブが多いが8月以降は枯れていく。ウニも多いが、7cm以下が目立つ。
＜相影付近＞　コンブ・ワカメは少ない。ウニは1m四方に2～3個。

天売島のウニとコンブの状況

ウニとコンブも、水や栄養分の循環で陸域との関係を持っているはずだ。櫻井さんは、その関係を明らかにするためにも、ウニ漁を行っている漁業者から情報を得るべきだとアドバイスをくださった。

そこで、天売島おらが島活性化会議にも参加している天売島の漁業者、奈良清志さんに頼んで、ウニとコンブに関わる貴重な情報を提供していただいた。天売島の南側は北側に比べて、コンブもウニも少ない。北側のウニとコンブは多いが、ウニが多くなりすぎて、季節的にコンブが食いつくされ、ウニの成長が妨げられることもある。潮流が激しい天売島北東端のゴメ崎あたりは、コンブが密集して繁茂し、ウニも大きく育つ。奈良さんは、そのようなコンブとウニの生育状況を箇所、時期、水深、流れの特徴との関連で教えてくれた。

天売島の北側の海岸は切り立った崖が多く、南に向かってなだらかな斜面が続き、島民の住む住居は南東側に集中している。天売島の中心部に生育した森林から流れ出る小渓流は、南側に流れているものが多い。森林の恩恵が海にまで及んでいるならば、南側のコンブやウニが豊かなはずだとも思えるが、そうではないようだ。

天売島の北側の崖には、数多の海鳥が生息しているので、その排せつ物がコンブやウニの生育に役立っているのかもしれない。あるいは、南側に集中している住居からの排水が、コンブやウニの成育に影響しているのだろうか。とても興味深いことだけれども、詳しく調べてみないとよくわからない。

前述の通り、陸域の栄養分が川を通じて海に流れ込み、海の生物を豊かにしているならば、逆の流れもあって物質循環が成り立っているのだろう。それでなければ、陸域の栄養分がどんどん減少し、海域の栄養ばかり増えて、アンバランスになってしまう。

天売島では、この役割を海鳥が担っているのかもしれない。天売島にはサケが遡上するような川はなく、魚を捕獲するヒグマのような大型哺乳類もいない。春から夏にかけて、天売島には百万羽の海鳥が営巣し、毎日夕方には海から魚をくわえてヒナ鳥のもとに帰ってくる。つまり、海の栄養分を天売島の陸域に運びこんで来るのが海鳥たちなのだ。

この物質循環については、定量的に追いかけると面白そうなので、もう少し突っ込んで調べていきたいものだ。大まかに、陸域から海域に栄養分が流出し、それがどのように、どのぐらい環流してくるのか、とても興味がある。なかなか、壮大で夢のある物語になりそうだ。

## 四．四　天売高校の「天売学」授業

このような話を天売高校の校長先生に紹介すると、天売高校の「天売学」講座という一連のイベントの中で、授業にするよう頼まれた。天売高校は、定時制の普通科高校であり、その立地の特異性を強みにしている。天売島の魅力を「天売学」講座として、生徒に伝えるとともに、島内・島外の方々に発信している。

天売高校は水産実習にも力を入れていて、実習で製品化した缶詰「天高ウニ」は天売島の名物として大評判だ。この缶詰は、各地のイベントなどで天売島おらが島活性化会議が販売している。添加物は全く使っていなくて、ウニそのままの美味しさがウリらしいが、残念なことにわたしは一度も味わったことがない。

わたしたちの授業実施は、二〇一六年十月八日と決まり、北海道科学大学教授（当時）の岡村さんと東海大学教授の櫻井さんに講師をお願いすることになった。大学の先進的な研究成果をもとに、現場の実践的な取り組みも紹介してもらい、興味深い講演になりそうだ。定時制高校なので、授業の時間は夕方で、十七時から十八時半までの予定である。

この天売学講座の授業は、「天売島における水源林整備と水産振興に向けて」と題し、森林と海域の水産資源をつなげる内容を目指した。当初の計画では、「天売学」講座のはじめに、わたしが天売島応援プロジェクトの概要を簡単に説明し、岡村さんが「天売島の水源林整備と材の活用」、櫻井さんが「天売島のウニの増産に向けて」と題して講演する予定だった。

岡村さんの講演では、過去の森林の荒廃と渇水の時期を経て、水源林が見事に再生され、その後は過密になってしまった経緯を説明する予定だ。その存続が危ぶまれる森林を、豊かな針広混交林に変えていく近自然森づくりの手法も紹介してもらう。そして、その過程で産出される材を木炭や建築に活用する方法も伝えることになっていた。

また、予定されていた櫻井さんの講演内容は、以下の通りである。ウニの生産性を上げるために、コンブの生産量に見合った生息密度を保つことが重要である。ウニの生息密度と成長量、コンブの繁茂状況を調査研究することにより、ウニの生産性を上昇させる方法を提案できそうだ。ウニが高密度でコンブが育たないところから、コンブの繁茂している箇所に、ウニを間引いて移動させることにより、ウニ漁獲高の増加につながる可能性がある。

わたしは、この企画は画期的であり、準備は万端だと楽しみにしていたが、思い通りには実施できなかった。当日の朝五時にわたしたちは札幌を出て、羽幌に八時前に着き、九時のフェリーで天売島に向かうはずだった。しかし、波浪が激しくなっていて、フェリーは羽幌を出港するけれども、翌日からの運航は極めて厳しいといわれてしまった。

ちょうど、天売高校の校長先生も同じフェリーで帰島するところだったので、慌てて善後策を協議した。岡村さんと櫻井さんは二日後の大学講義を抱えており、翌日に帰らなければならない。校長先生は授業の延期も考慮してくれたが、天売高校で準備している先生からは、予定通り実施するように頼まれた。

困り果てたわたしたちは、両教授ぬきで天売学講座を実施することを決めた。わたしは大慌てで両教授の講演資料をファイルで預かり、ひとりで全ての講義を引き受けることになった。事前の企画段階で講義の内容は熟知しているものの、教授二人のプレゼンテーションを代行するのは、とても荷が重い。

でも、四の五の言っている余裕はなかった。お二人の教授は、羽幌から戻る方の車に同乗して、その日のうちに札幌に戻っていただくことにした。

フェリーの運航が危ぶまれるほどの波浪の中を揺られて、天売島に着いたのは良いが、わたしは乗り物酔いでグロッキーだった。フェリーの中で二度ほど吐いてしまったので、胃の中は空っぽだった。むかつく胃袋と揺れが収まっていない頭を抱えて、まずは宿に入って畳の上に倒れこんだ。

わたしは、二人の教授の講演ファイルを勉強して、授業にまとめ上げなければならなかった。だるい体に鞭打って、コンピューターを立ち上げ、講演ファイルを読み込んで準備をした。当初の予定では、授業の前に、天売島の森林で広葉樹のタネを採取して苗作りをするつもりだったが、それはあきらめた。

授業は予定通り十七時から、五人の高校生と先生たちを対象に始まった。天売島おらが島活性化会議の齊藤さんと漁業者の奈良武志さんも、応援に駆けつけてくれた。まずは、悪天候のため二人の教授が講演できず、わたし一人が代役を務めることを弁解しながら、授業に入った。

天売高校「天売学」授業（2016 年 10 月 8 日）

わたしは、「天売島応援プロジェクトの概要説明」から話をはじめ、岡村さんの水源林整備の内容と、櫻井さんのウニとコンブの話をつなげて紹介した。森林整備と水産資源の関係性については、研究的な裏付けは不十分だが、わかっていることだけを説明した。

借り物で付け焼刃のような講演になってしまったが、齊藤さんと奈良さんの応援もあって、高校生たちは熱心に話を聞いてくれた。天売高校の生徒たちは、天売島の森林荒廃と再生の歴史はよく知っているはずだ。それを振り返り、今後のより良い環境づくりにつなげてほしかった。そして、それは陸域の環境だけではなく、海域の環境にも影響を与え、水産資源にも関わることなのだ。

一般的には、森からしみ込んだ水が地層を通って海底から湧き出し、そこに海藻が繁茂することも知られている。そして、その海藻が底生動物や魚類の繁殖する場になるのだ。多様な海域の生物の生育には陸域の生物が大きくかかわっている。

天売学の授業は何とかこなしたものの、予報通りその晩から波浪は激しくなった。そのため、二日間フェリーは欠航で、わたしは旅館に三泊することになった。札幌から借りて羽幌まで走ってきたレンタカーは、羽幌港に置き去りで、返却日を二日遅らせ、追加料金を支払うことになる。

わたしは、テレビとスマホの天気予報に一喜一憂しながら、恨みがましく海を見つめ、時間の経過を待つだけの生活を続けた。食事だけが楽しみで、旅館の方はいろいろと気を使って、メニューを考えてくれたようだ。もちろん、夕飯時にはビールを頼んで、美味しい料理を食べながら、だらだらと飲んで時間をつぶしていた。

わたしは、天売小学校の授業や天売高校の天売学などの機会をうまく使って、森と海の物質循環の研究を進める原動力としたかった。しかし、高波でフェリーが欠航になり、延泊する経験をして、離島の活動がいかに大変なことであるのかをあらためて痛感した。また、お忙しい大学の教授たちの予定を混乱させることも避けたいと思った。でも、離島に住んでいる方々は、そのような状況が日常で、文句も言わず日々の生活を過ごされている。

ちょうど二〇一六年頃から、北海道留萌振興局は、部門横断型のプロジェクトとして、天売島の応援を始めていたので、小学校の授業などは任せることにした。わたしたちは、天売の森の整備とその過程で産出される材を使った建築に集中することになった。

# 第五章　森を整備して間伐材を利用する

二〇一五年二月十六日、羽幌町で「島と海と森の話」座談会が開催された。これは、天売島応援プロジェクトの活動を羽幌町全体として理解していただき、さらなる応援を呼びかけるものであった。留萌観光連盟を通じて北海道開発協会の助成金をいただいたので、それを利用して、各方面に呼びかけて議論の場が実現した。

座談会では、羽幌町長のご挨拶から始まり、次にわたしから趣旨を説明させていただいた。最初の講演として、昭和五十年代から治山事業に携わっていた安田伸生さんに「天売島の水源林再生の歴史」をお願いした。続いて、「より豊かな天売島の森林を目指して」と題して、岡村俊邦さんからのお話をいただいた。そして、森林伐採と木材利用の達人である石山浩一さんが、「天売島の森林の除伐材有効利用について」と題して講演をしてくださった。

わたしたちは、このプロジェクトのような、国土保全・環境保全や地域の活性化につなげていく活動は、専門家の参加と関係機関の協力が不可欠だと信じていた。もちろん、地域の方々のご理解と主体的な参加を大前提としてのことである。座談会を通じて、プロジェクトの目的と意義を知ってもらい、協力してくれる組織の連携を深めたかった。

この座談会をきっかけとして、森の整備のための間伐、馬搬による集材、現地における製材、そして木造建築までの本格的なプロジェクトが始動した。

## 五．一　育成木と伐採木の選定

二〇一三年からの天売小学校の授業では、トドマツ林やグイマツ林の現場で、近自然森づくりにおける選木について教わってきた。森林の将来の姿を想定して、健全に成長して欲しい樹木を育成木として印をつけ、育成木の成長に悪影響を及ぼす樹木を伐採木とする。授業の中では、安全に伐採できる細くて低いグイマツだけ、子供たちがノコギリで試し伐りをした。

二〇一六年六月三日から六月六日まで、わたしたちは本格的にトドマツ林を間伐して、伐採木を有効利用する試みを始めた。対象とするのは、約一ヘクタールの約五十年生のトドマツ林で、もちろん事前に保安林内伐採の許可を取っていた。

岡村さんの指導を受けながら、わたしたちは育成木には黄色のテープ、伐採木には赤色のテープを巻いていった。森林の中で樹形が美しく、周辺の樹木よりも成長の良い樹木を育成木と決める。樹幹に傷が付いていたり、傾いていたり、根系が痛んでいるものは、将来性がないとして育成木には選ばない。そして、育成木に寄りかかっている木や、陽光を妨げている木を伐採木とする。

育成木と伐採木の選定

この選木は言葉にすると簡単に思えるかもしれないが、実際に選んでみると、なかなか難しい。無駄な伐採はしない原則だから、元気がなくて枯れそうな木でも、育成木の邪魔をしていない限り、伐採はしない。そのような木は、キノコ類や昆虫類が繁殖し、鳥類が餌を取るためにも利用する大事な存在だ。

トドマツだけの同齢林の場合は、育成木と伐採木のマーキングは比較的容易なのかもしれない。年代の異なる多種の樹木が生育する樹林では、将来成長する森林の健全性とともに、総合的な経済性も求められる。樹種ごとの成長の早さや、希少性、市場価値など、考えるべきことがたくさんある。

間伐することによって、ただ育成木の成長が促されるだけではなく、明るくなった樹林地には、次世代の樹木の侵入を促す効果もある。天売島のトドマツ林には、タネから発芽し、暗くてなかなか伸びることのできないトドマツの稚樹も見られる。また、どこからかタネが

伐採木と掛かり木

運ばれて発芽した、ミズナラやセンノキなど広葉樹の稚樹もチャンスをうかがっている。陽光が林床まで届くようになると、これらの稚樹が伸びて、より安定した複層異齢針広混交林に近づいていく。

ただし、この育成木施業の間伐には、技術的に難しくて危険な面もある。密度の高い森林で抜き伐りを行うと、伐採木が隣接した樹木に引っかかり、掛かり木となる可能性が高い。この掛かり木はとても危険で、予期しない方向に倒れて、労働災害を引き起こす恐れもある。

それが、最近の日本でこの間伐方法が採用されていない理由でもあるらしい。抜き伐りに手間がかかり、危険があるならば、列状に間伐をしたり、いっそのこと皆伐したりした方が、よっぽど効率的だ。また、高度な伐採技術を持つ作業員が減り、老齢化していることも、この方法が避けられる理由だろう。

天売島における伐採は、森林整備と木材利用の達人である、石山浩一さんが担ってくれた。石山さんは、森林施業の安全管理の指導者としても活躍されていて、林野庁の開催する研修会などで全国を回って指導されている。また、後ほど紹介する馬搬の達人も伐採に長けており、安全で確実な抜き伐りが可能となった。

わたしたちが間伐を始めた頃、天売島のトドマツの材質は良くないので、建築などには向かないとの指摘もあった。北海道の試験研究機関である林業試験場の研究者が、ここまで密生しているトドマツ林は、病気や虫害が蔓延して、材が傷んでいるはずという。しかし、だからといって、間伐をしない理由にはならないし、利用しなければ全く無駄になってしまう。

その後、伐採木を決めて伐採したところ、材質に問題がないことがわかった。伐採木として選ばれたものでも、材は通直で、病気や虫害による傷みはそれほど目立たない。柱にするために樹皮を剥くと、白く美しい木肌が輝いて見えた。現場で実践して初めてわかることもあるのだ。

過去にも天売島において、抜き伐りによる間伐を実施したことがあるらしい。二〇〇二年から二〇〇八年ぐらいにかけて、天売島のハンノキ林やグイマツ林において、定性間伐が行われた。定性間伐とは、優良木を残すために林木を見定めて、伐採すべき木を決めて行う間伐である。

この時は、受注業者が伐採箇所の毎木調査を行い、全体の材積の三割分の削減を目指し、発注者と伐採木を確認して決めたという。初年度は、森林施業に長けた業者を下請けにして実施し、島在住の作業員にも技術を習得してもらった。そして、翌年からは島の作業員だけで実施できるようになった。

定性間伐したハンノキ林は、束植えで植栽されたものと考えられ、その中の樹高の高い木を残して、それ以外を伐ったようだ。束植えは厳しい条件下でも定着しやすいが、ブッシュ状に密に成長してしまう。一方のグイマツは、天売島ではあまり大きくならないので、伐採しやすい。

定性間伐で、伐採木が掛かり木になってしまった時には、その根元近くにロープをかけ、引っ張って倒すことも多かったという。それでも駄目なときは、レバーブロックを使用して、慎重に処理するという工夫も行ったという。

当時の担当者は、このような間伐方法は時間がかかり、非効率なので、請負事業としては経済的に厳しいとぼやいていた。当時の間伐は、林道工事に含まれた作業であり、林道工事全体として効率的、経済的な施工に努めて、その分伐採に時間と労力を使ったという。

育成木施業が定性間伐と異なる点は、伐採する必要のない樹木には手をつけないで残すところにある。定性間伐では、ある一定の伐採率を確保するために、枯損木や成長の劣った樹木も伐採する。しかし育成木施業では、そのような樹木を伐ることは労力の無駄と捉え、菌類や昆虫、鳥類の利用にも配慮して残すこととしている。

## 五．二　馬搬による集材

二〇一六年の育成木施業を実施するにあたり、伐採につきものの危険を回避する心強い味方がいた。それは、集材のために島外から連れてきた馬で、掛かり木になった樹木を一馬力の力で引っ張り出すことができるのだ。掛かり木で斜めになった伐採木に、ワイヤーをつけて馬で引っ張れば、安全で効率的な施業ができる。

馬搬のできる森林施業者は、日本では限られた存在で、全国でも十人にも満たないだろう。わたしたちは、道南の大沼の牧場で、実際に馬搬を行っていることを聞きつけ、あらかじめお願いに伺っていた。そして、二〇一六年六月には、馬搬の達人が大沼からトラックに馬を乗せて駆けつけてくれた。大沼を発って途中で一泊して、次の朝早く羽幌港からトラックごとフェリーに乗って、天売島に到着する長旅だった。

大沼から来てくれた馬搬の達人、西埜将世さんは、大学の林学科を卒業後に森林施業の会社に就職したが、その後馬搬に専念することにしたらしい。日本では、馬搬の技術も道具も廃れており、西埜さんは古老に教えを請いにいったり、イギリスと北欧で訓練を受けたりしたという。彼の装備の中には、古老から引き継いだ古の道具もあり、自分なりに工夫して活用しているそうだ。

この時のオスカーという名前の馬は、ベルギー生まれで、代々馬搬のために選りすぐられて育ってきた血筋らしい。ヨーロッパでは今でも林業に馬が利用されることもあり、その道具や技術が伝えられている。オスカーは、決して大きな馬ではないが、十分な力があり、何よりも従順で働き者だ。

馬搬の達人は、混みいった森に入り、あらかじめマーキングされた伐採木をチェーンソーで次々と狙った方向に倒していく。掛かり木になっても動じることなく、斜めになった伐木の根元近くにワイヤーをかけ、馬の力で引きずり出す。数本の伐木をまとめて、狭い樹木の間を軽々とすり抜けていく姿が美しい。その達人と馬の息を合わせた技は、ずっと見ていても飽きがこない。

馬搬で寄せ集めた木材は、トビ（鳶口ともいう）を使って人力で揃える。林道の脇に寄せ集め、離して置かれた丸太二本の上に、並べて積み上げられていく。木材を地べたに直接置くと、水分が抜けずに腐食が進んでしまうので、それを防ぐためだ。

トビは長い柄の先に、鳥のくちばしのような金属のツメがついた道具で、材を回して移動させたり、引っ張り上げたり、他の材の上に積み上げたりすることができる。素人には、なかなか難しいワザだが、達人たちは軽々と木材を揃えていく。

いくら馬力があるといっても、働きっぱなしではオスカーも疲れ果ててしまう。材を人力で整理している間などには、森林の中で繋がれてゆっくり休んでいる。森林の傍らに生えているササを無心に食べていることもある。重機はうるさくて臭く、燃料補充が必要だが、馬は静かで、自分でササを食べてエネルギー充填ができる。その上、森林内に馬糞をまき散らし、樹木に栄養まで与えてくれるのだ。

馬搬の達人に聞くと、オスカーは大沼から二日かけてはるばるやってきたが、かえってリラックスしているそうだ。森林の中でゆっくりできるし、健康にも良い大好きなササが食べ放題だ。天売島にはアブやハチ、蚊も少なくて、大沼にいるときよりもストレスが少ないらしい。

仕事が終わると、オスカーはトラックに乗せられて、馬搬の達人が宿泊している旅館の庭に戻って夜を過ごした。旅館の庭には、電線を張り巡らせて、オスカーの陣地が確保されている。賢い馬は、電線に触れることもなく、おとなしく庭の草を食んでゆっくりと過ごす。旅館としても、草刈りが必要なところを馬が食べてくれれば、手間が省けるといって歓迎してくれた。

馬搬による集材（2018 年 5 月 4 日）

西埜将世さんは、その後馬搬で自立すべく、厚真町の起業型地域おこし協力隊として、家族で移住した。オスカーは大沼の牧場に残していかねばならず、準備するものも多く、起業するのは大変だったはずだ。でも、厚真町ではさまざまな職種の地域おこし協力隊が活動していたので、応援体制は整っていたのだろう。プロジェクトにも何度か参加してくれた中川貴之さんも、厚真町で製材の達人のワザを磨いている。

西埜さんの新しい相棒である馬は、輓馬の会場で見つけることができ、忍耐強く調教されて、馬搬のワザを習得していった。輓馬で闘っていくにはおとなしすぎる馬が、かえって馬搬には適していたようだ。西埜さんは、その馬が食肉として売られる直前に引き取り、カップと名付けて馬搬という新しい生き方に導いたという。

西埜さんと新しい相棒のカップが、次に天売島で活躍したのは、二〇一八年五月だった。その頃には、すっかり馬搬のワザを身につけ、息の合った姿を見せつけてくれた。

## 五．三　可搬式製材機による製材

二〇一六年六月に伐採したトドマツ材は、一年間林縁で自然乾燥され、翌年以降に製材して建築に利用する予定だった。現地で製材するために、森林整備と木材利用の達人である石山さんが、可搬式製材機をアメリカに発注してくれた。その費用は、岡村さんが理事長を務める近自然森づくり協会として、いろいろな分野からいただいた助成金や寄付金を充当して支払うことができた。これを使えば、天売島において地産地消の木材活用が可能となる。

可搬式製材機は、重さ二百五十キログラム、長さ四メートル、幅一メートル以上と大きく、素人には手を余すような代物だ。アメリカから送られてきたこの機械は、石山さんに札幌で組み立ててもらった。そして、二〇一七年にクレーン付きトラックで天売島に運び込み、伐採現場の近くの林道の脇に慎重に据え付けた。

　伐採木は重量があるので、石山さんは前年度に仮置きした場所近くを製材場所として選んだ。また、製材した材をすぐ運べるように、トラックへの積み込みスペースにも配慮しなければならない。可搬式製材機の設置位置は製材作業全体の効率に大きく影響する。そして、製材機の鋸の動きを安定させ、歪まないように製材するためには、水平にしっかり設置する必要がある。

可搬式製材機による製材（2017 年 5 月 4 日）

　製材機は、帯鋸をエンジンで回転させ、水平に移動させてスライスしていく仕組みである。木材と鋸の当たる位置を確認しながら、鋸の高さを合わせていくことにより、板や柱を挽くことができる。また、丸太を四メートルの長さの台に動かないように固定しなければならない。鋸の高さを調節し、鋸に無理のかからぬように動かして、水平になめらかに切っていくことはなかなか難しい。

丸太の小口に印をつけ、鋸の高さを指示する者、鋸の高さを指示通りに合わせ、鋸とエンジンの付いた可動部を押して切っていく者、丸太を乗せて押さえる者が息を合わせて作業する。木材の径が六十センチメートル、長さが四メートルと大きい材もあり、三、四人で転がしながら製材機に乗せるだけでも重労働だ。

目の前で勢いよく鋸が回っているのは、なかなかの迫力で、危険を感じる作業でもある。時々、木材が鋸の勢いで動くので、それを押さえるのも大変だ。鋸に負荷がかかると熱くなるので、水をかける装置がついているが、続けざまに製材していると、オーバーヒートで止まってしまう。材の節に当たったり、力を入れすぎたりすると、帯鋸の歯が外れてしまうこともある。

二〇一七年五月の製材は、とてもタイトなスケジュールの中、ギリギリのタイミングで作業をこなしていた。建築の進行に伴い、必要な材の規格と量が決まってくるので、それに合わせて製材して運び込まなければならない。建築現場の様子を聞きながら、時間に合わせて製材し、トラックに積み込み、十分ほどかけて運搬する。前年の伐採木だけで足りなかった分は、伐採から馬搬集材の後、すぐ製材し運搬して、建築現場の作業に間に合わせた。

雨がしょぼ降る夕暮れの中、焦って製材をしているうちに、鋸が熱を持ち、歯車の軸を押さえていたナットがはじけ飛んでしまった。その小さなナットをみんなで這いつくばって探し回ったが、どこにも見当たらない。これがなければ、製材機は動かず、作業を続けることができない。翌日には、キリの良いところまで建築を終え、後片付けをして島を離れる予定だった。

すっかり暗くなってしまったので、わたしたちはそれ以上の製材は無理だと諦めた。建築は中途半端のまま切り上げ、再挑戦するしかないと後片付けにかかる。すでに製材を終えていた材をトラックに積み込み、建築現場に運びこんで、その日の作業は終えることにした。

残念な気持を押しとどめながら、建築現場でトラックから材を降ろしていると、製材機の現場からスマホに、興奮した声の連絡が届いた。すっかり諦めていたナットが見つかり、製材機を修理して、残った作業ができそうだという。

はじけ飛んだナットは製材機の周辺に落ちているはずと思い、わたしたちは草をかき分け、手で地べたをなで回し探していた。しかし、そのナットは、製材機の上に張ったタープの上で見つかったという。熱を持ったナットが上に飛んで、雨よけのタープを溶かして突き破り、落ちてきたところで、うまくタープの上に着地したらしい。

見つかったナットを締めつけて、製材機を修理し、土壇場で予定通りの製材と建築を終了することができた。こうして、二〇一七年五月にサウナ付き風呂小屋の基礎から基本構造部分を完成させた。その後、六月には再度来島し、残りの製材と建築を行うことになっていた。

ところで、わたしたちが天売島に訪れる時の宿泊には、旅館を利用していた。天売島の旅館も民宿も、島で水揚げされる季節の魚介類が大評判で、美味しい料理を堪能することができる。ある民宿では庭でバーベキューを楽しませてくれるし、六月から八月にかけては、どこでも天売産のウニがお膳を彩っている。肉体労働の後、風呂で汗を流してから浴衣で飲むビールと海の幸は、その日の疲れを癒やしてくれる。

天売島の旅館がどこも満室で、泊まるところがなかった時には、建設会社の寮を借りて自炊することもあった。作業をしてからの食事の準備は結構大変だったが、達人たちは料理に関しても腕を振るい、皆を楽しませてくれた。

時には、天売島おらが島活性化会議の方から、アイスボックス一杯の生きたウニの差し入れがあり、毎食ウニづくしのこともあった。釣りが好きな仲間は、わたしたちが夜飲んで盛り上がっている間に、浜に出て魚を釣ってきてくれた。その晩釣れたソイは、岡村さんの手によって捌かれ、朝食はウニとソイの豪華なおかずになった。

その後、やはり肉体作業と食事の準備の両立は大変だからと、食事付きの旅館を早めに予約することにした。わたしたちが年老いてきたせいもあって、肉体労働と食事の準備と片付けを続けることは、負担になった。

## 五．四　達人たちの建築

天売島応援プロジェクトには、二人の建築の達人が参加している。建築設計事務所を経営する宮島豊さんと、高度の大工技能を有する松田博さんで、お二人とも北海道の木材にこだわった建築を進めている。街中とは違って、持ち込める材料も道具も限られている離島の建築は、設計段階から施工まで、困難も多いはずだ。

宮島さんは、設計の基本は「機能もデザインも性能も」であり、デザインと機能を共に満たす設計を目指しているそうだ。そして、「もとからあったような」とか「自然の中にとけ込むような」、「懐かしいような」デザインで、それを活かす空間作りを進めている。だから、目に刺激のあるギラギラ、ピカピカ、テカテカや尖ってる感じはたとえ希望されてもできないと、ホームページ上で断りを入れている。とても潔い建築設計の達人だ。

岡村さんの紹介で、宮島さんが天売島応援プロジェクトに参加してくれることになった。もともと、宮島さんは自然林の再生に興味を持っておられ、二〇〇八年に岡村さんに出会って、二〇〇九年から一緒に五天山公園の「子どもと作ろう種から育てる未来の森」を立ち上げたそうだ。札幌市西区の五天山公園は、採石場の跡地で、最初は植樹に苦労したそうだが、今では立派な森が育っている。

松田さんは、宮島さんと一緒にこだわりの木造建築を行っている相棒として、プロジェクトに加わってくれた。宮島さんの「もとからあったような」、「自然の中にとけ込むような」、「懐かしいような」デザインの木造建築を実現するために、松田さんのワザが活かされているようだ。

二〇一六年六月、建築の達人お二人は、天売島応援プロジェクトに参加し、皆と一緒になって、トドマツの伐採や馬搬の手伝い、木材の集積、薪づくりに参加してくれた。普段は二人とも仕事がとても忙しくて、スケジュールを合わせるだけでも大変なはずなのに、喜々として動き回ってくださる。そもそもアウトドアが好きだし、現場を知らないと設計や建築ができるはずがないとおっしゃっていた。

達人たちに相談して現地を確認した上で、海の宇宙館の敷地にサウナ付き風呂小屋を建築することになった。そのすぐ裏は町営のキャンプ場になっていて、旅館や民宿の風呂を借りそびれたキャンプ利用者にも喜んでもらえそうだ。水道や電気はキャンプ場から引っ張ってくることができる。海の宇宙館を運営している寺沢孝毅さんの了解を得て、排水は海の宇宙館の排水路につなげて流す計画だ。

海の宇宙館は天売港から少し登った丘の上にあり、天売島を訪れる観光客の集まるスポットになっている。サウナ付き風呂小屋の建設地点からは、海を見渡すこともできて、景色も美しい。建物の位置と方向を工夫し、窓をつければ、海を見ながらサウナを楽しむことができるかもしれない。

森林を整備するために、自分たちで伐採する木を選び、実際に伐り倒して馬搬で集材し、それを活用して建築するという一連の活動は、貴重な試みだ。昔は当たり前のことだったのかもしれないが、最近は聞いたこともない。建築する材は購入するのが普通だし、海外から輸入した材を用いることも多い。

建築の達人たちは、伐採と集材と製材の過程を理解した上で、サウナ付き風呂小屋の大まかなデザインを現地で相談して決めてくれた。これは後ほど、サウナ付きシャワー小屋に変更されるのだが、基本構造は変わらない。サウナにこだわっているのは、伐採と製材で発生する端材が、フィンランド製のサウナストーブで有効利用できるからだ。

そして、建築の達人の松田さんは、フィンランドサウナの達人でもあり、サウナストーブの輸入販売も請け負っていた。道内各地でサウナ小屋を建築し、多くの浴室へのサウナ導入も進め、サウナの入り方も指導している。

サウナ付き風呂小屋は、コンクリートの基礎などは使わず、穴を掘ってトドマツの柱を建てて、立ち上げることになった。基本構造は切妻屋根として、両側にそれぞれ四本の柱を並べ、その上に屋根を乗せることになる。外壁も、床も、風呂と脱衣室とサウナ室を隔てる内壁も、天売島のトドマツ材を使う。防水シートなどを除き、屋根も全てトドマツ材だ。サウナストーブの周りはレンガを積んで守り、煙突の周りには、専用の眼鏡石を持ち込む予定だ。

このデザインに基づき、達人たちが設計図を描いて、その建築に必要な材のサイズと量を決めていく。現地の伐採と製材で供給できる材の大きさと量を考えなければならず、それを最小限の時間で効率的に組み立てていくのも達人のワザだ。

二〇一七年五月と六月には、達人たちと応援する仲間たちが天売島を訪れた。森の中での伐採、馬搬による集材、柱や板に挽く製材、クレーン付きトラックによる運搬、サウナ付き風呂小屋建築の一連の作業を行った。

サウナ付きシャワー小屋の建築（2017年5月4日）

まずは、建築箇所の周りを伐開し、整地して、仮杭と紐で位置を確定する。そして、ミニバックホウとスコップで苦労して掘った穴に、八本の柱を立て、その周りを石で埋めて固定する。柱を正確に垂直に立てて、後から建築物の歪みが出ないように慎重な施工が求められる。

二列に並んだそれぞれ四本ずつの柱に、長くて重い丸太の梁を乗せて固定する一連のワザは、見応えがあった。柱の頭部に丸太が安定するようにチェーンソーで切り欠きをつけ、梁を乗せてボルトで締め付ける。それから、梁に直行する丸太を乗せて、そのまた上に切妻屋根の一番高い位置の梁を設置する。そのすべてを人力でやり遂げるのだから、達人のワザはすばらしいものだ。

松田さんのお父さんは木樵だったそうで、そのワザを引き継ぎ、このような施工を得意としている。子供の頃から親しんだ木登りのワザで柱によじ登り、チェーンソーで柱の頭部の加工をするのは、彼にしかできないだろう。彼は、それを「与作のワザ」と呼んでいる。

建築の達人二人のほかは、この分野ではほとんど素人の集団だけれども、達人の指示に従い、着々と仕事をこなしていく。それぞれの担当は、一応最初に決めてあったが、森の選木も行い、製材機の操作も経験し、建築作業にも参加できる。それぞれの担当の達人たちも、時間が空くと、ほかの仕事に顔を出して、協力し合っていろいろな仕事に精を出す。きっと昔の集落における協働作業ってこんなだったのだろうなあ。

建築の達人は、みんなが楽しく効率的に仕事を進めることができるように、仕事を割り振っていく。手が空いている人に突然、サウナストーブの周りにレンガを積むように指示をして、その手はずを教えてくれる。ええっ、やったことないし、そんなことできるかなあ？と答えても、そんなことは気にしない。達人は、淡々と基礎のレンガを積んで見せ、あとは任せて次の仕事に移っていく。素人の初めての仕事とはいえ、サウナにふさわしい、立派なレンガの壁ができあがった。

わたしには、サウナ小屋のベンチの板を貼る仕事が割り当てられた。日曜大工で木工には親しんでいるが、わたしはインパクトと呼ばれる電動工具を使ったことがなかった。いつも鋸とか、錐とかドライバーなど、人力に頼る木工にこだわっている。でも、そんな悠長に時間を使えるわけではなく、初めてのインパクトに早く習熟しなければならない。

ベンチの基本構造はできていたので、わたしはそこに板を並べて木ねじで固定していった。サウナの暑さの中では、肌が木ねじの頭に触れると火傷をしてしまう。そこで、木ねじが隠れるように、あらかじめ板の途中までインパクトで大きめの穴を開けて、その中にねじ込んでいく。出来栄えを見ると、なんか、いっぱしの大工になったような気がして、誇らしく感じられた。

全てが順調に進んだわけではなく、持参した資材が足りなくなり、建築が滞ったこともあった。トドマツの板を外壁や内装に張っていくための、インパクトで締めていくコーススレッド（木ねじ）が足りなくなったのだ。作業に必要な工具や材料は多めに準備して持ち込んでいたが、いろいろと不都合が生じるものだ。そんな問題が生じる度に、天売島おらが島活性化会議の方にお願いするなど、右往左往していた。

しかし、コーススレッドは、島内では売っていないし、取り寄せる時間もない。それがなければ、建築を続けられないので、闇雲に天売島の方々に聞いて回った。幸い、港で自転車とバイクなどをレンタルしている店のおばちゃんが、知り合いに電話して、倉庫に眠っていた一箱を見つけてくれた。

島では、いつもこのように隣人と物を融通し合って生活しているのだろう。そのおかげで、建築作業を継続することができて、おばちゃんと知り合いには、本当に感謝している。翌年に島に渡ったときに、新品のコーススレッド一箱をお礼の品と一緒に返して、埋め合わせをさせていただいた。

そんなふうに、達人たちといろいろな困難を乗り越え、みんなで手分けしてサウナ付きシャワー小屋を作り上げたのは、二〇一七年の六月二十五日だった。当初は、取り壊した家のユニットバスを組み込む予定だったが、事情があって風呂ではなくシャワーを設置することになった。達人たちの力を持ってすれば、そのぐらいの設計変更は簡単なものらしい。

小屋には、サウナ室と更衣室に窓が付いていて、海が見える。入り口には、トドマツ材で作った木製ドアが、クローザーでゆっくりと閉まるように設えてある。小屋全体が新しいトドマツ材の香りに包まれ、清潔感にあふれていた。

## 五．五　排水処理の工夫

前にも述べたように、二〇一二年に天売島で行ったセミナーで、生活排水が海の水質に与える影響について、島民の方から質問があった。その場では明確に答えることができなかったが、ずうっと気になる問題だった。

サウナ付きシャワー小屋の建築に当たっては、質問にもあった排水の影響をできるだけ軽減する必要がある。天売島の旅館、民宿、住居等からの生活排水は、処理されずにそのまま海に流れ込んでいるようだ。しかし、新たに建築するサウナ付きシャワー小屋の排水は、浄化して流したいし、それが良き前例となって欲しい。

いろいろと専門家の意見を聞いて、研究成果を調べた結果、四国の生地正人さんが発明した「傾斜土槽法」による排水の浄化を試みることになった。これは、ツテを辿って紹介された、北方建築総合研究所研究員の牛島健さんから教えていただいた技術である。

「傾斜土槽法」は、特許を持つ排水処理技術で、電気などのエネルギーを使わずに、有機性汚濁と総窒素・総リンの同時浄化が可能とされている。そして、一般家庭にも設置できるように開発された、コンパクトで維持管理が容易で経済的という、画期的な技術だ（生地正人：傾斜土槽を用いた水質浄化装置及びそれを用いた水質浄化法、一九九九）。

自然な土壌の表層は、自然界で最も生物学的浄化活性が高い場所であり、傾斜土槽法はその効果に注目した技術だそうだ。傾斜させた箱に土やスポンジ担体を充填して、そこに排水を自然流下させ、微生物や土壌動物による浄化を期待するものである。

この技術は、もともとダム貯水池の水質対策のため、山間部において未処理で放流されている生活雑排水の浄化を目的として開発されたという。そして、生活排水の中で最もＢＯＤ負荷量の多い台所排水が、簡単に低コストで高度浄化できるようになった。

生地さんから送っていただいた論文によると、「傾斜土槽法」は家庭排水から畜産排水、上水処理、下水処理にも適用され、その効果が実証されている。スリランカの浄水、モルディブ諸島の地下水保全、バングラデシュの上水道のヒ素対策にも活用されているというから驚きだ。日本の援助で進められてきた海外の上水道や下水処理施設が、現地の電力事情で稼働が思わしくないため、傾斜土槽法に転換した事例もあるらしい。

傾斜土槽法による排水処理
（2017 年 6 月 23 日）

わたしたちは資料を参考に、あらかじめ木の箱を作成し、その底に緩やかな傾斜をつけた板を張り、排水が平たく流れるように桟を取り付けた。その箱を三つ天売島に持ち込み、段差をつけて直列に設置し、サウナ付きシャワー小屋の排水管に繋いだ。箱の中には火山礫やスポンジを充填して、微生物や土壌動物が生息できるようにする。

傾斜土槽の担体（火山礫やスポンジ）は、玉ねぎネット（天売島ではタコのネット）に入れて土槽に充填するようにしている。そして、内部の目詰まりが発生した場合には、ネットごと取り出して、土の上に放置して水分を抜いて、有機物の自己分解を促す。その後、ネットから落とした土壌は、畑などに有効であり、担体は繰り返し水質浄化に利用できるという。「傾斜土槽法」を用いた浄化装置からの排水は、海の宇宙館の排水設備と合流させて流すことになっていた。排水管の接続に関しては、羽幌の業者にお願いし、シャワーの水道設備と合わせて工事をしてもらった。

この試みによって浄化機能が確認されれば、天売島だけではなく、過疎化が進んでいる海岸地域にも適用できるはずだ。全国的に上下水道の整備と維持管理が重荷になり、持続が難しくなっている地域もあるらしい。そのような場面で、各家庭や施設それぞれで浄化を行うためには、この仕組みが重宝されるだろう。

排水処理の方法について検討している中で、し尿処理についてはどうすべきなんだろうと考えさせられた。傾斜土槽法で、し尿のような濃い排水を処理することは、大変そうに思える。

天売島と焼尻島では、バキュームカーがくみ取り式や簡易水洗トイレを回り、フェリーで本町まで持ち帰って処理することになっている。天売島には、おがくずを用いたバイオトイレが、休憩舎「ノゴマ館」に設置されている。

このことについて、北海道大学の衛生工学の教授に相談したところ、し尿はバキュームカーで本町まで運ぶことが妥当だとのことだった。食料をフェリーで運び込んで島民が消費するのだから、そのなれの果てのし尿も、島外に運び出すのが自然だといわれた。確かにその通りで、島内でエネルギーを使って処理するのは、不自然だし、現実的ではない。

天売島の方に聞いてみると、離島においてはバキュームカーに係わるトラブルも多いらしい。フェリーが欠航になると、バキュームカーによる運搬が滞る。し尿を集めた後に、バキュームカーが路肩の側溝に落ちてしまい、島内の車両では引き上げることができず、艀で重機を運んで救出したこともあるらしい。

サウナ付きシャワー小屋に続いて、二〇一九年に完成したキャンプ場の食器洗い小屋においても、「傾斜土槽法」による排水処理施設を設置した。二〇一九年九月には、この技術を開発した生地さんに天売島まで来ていただき、現地で指導を仰ぐことができた。生地さんは、土槽の底部が嫌気性になっている可能性が高いので、スポンジを垂直に挿入して、空気が底まで行き渡るように工夫してくださった。

## 五．六　新聞記事と保健所

わたしたちは、天売島応援プロジェクトの支援をさらに呼びかけるため、マスコミにも情報を伝えるなど、広報にも力を入れていた。寄付金や助成金に関わる組織にアピールできれば、資金集めにも効果があるかもしれない。なにより、離島や海岸部の森林の保全事例として、広く知ってもらいたい。

二〇一七年五月十三日の北海道新聞には、カラー写真付きで「天売のキャンプ場に風呂〜『おらが島会議』が小屋整備7月完成へ」という記事を掲載してくださった。これはとても嬉しいことなのだけれど、予期せぬところから反響があった。

留萌保健所から天売島おらが島活性化会議に対して、新聞情報が事実ならば法律に抵触する恐れがあるとの連絡が入った。電話を受けた代表理事の齊藤暢さんは、保健所が何をいいたいのかさっぱりわからないと、助けを求めてきた。役所対応は任せておけと、わたしから保健所に電話をしたけれど、やはりよくわからない。しかたなく、留萌保健所に伺って、じっくり話を聞くことにした。

天売島でサウナ付き風呂小屋を建築することについては、北海道留萌振興局とも何度も相談しており、振興局は局全体の部門横断型の取り組みを行うと約束してくれていた。だから、留萌振興局に属している保健所も応援してくれるものと、わたしたちはタカをくくっていた。

わたしが保健所を訪れると、担当者の対応は親切で丁寧だが、理解しづらい言葉を使って難色を示してきた。このままだと公衆浴場法に基づいて、現地調査に入ることになり、その結果、供用は許可されない可能性が高いという。そして、公衆浴場法の内容と、公衆浴場法許可の必要性とその要件、施設基準について、じっくりと教えてくださった。

二〇一九年末からのコロナ禍でも問題とされたように、全国の保健所の箇所数と担当する職員が近年急減して、大変な状況にあるらしい。一九九二年に全国で八百五十二箇所だった保健所が、二〇二〇年には四百六十九箇所と半分近くに減ってしまった。わたしが訪れたのは二〇一七年だったが、留萌保健所の職員は、心なしか疲れた表情だった。ややこしいことに巻き込まないでくれと訴えているようにも見えた。

天売島で建築している「サウナ付き風呂小屋」は、公衆を入浴させる施設として利用するならば、公衆浴場法の適用を受けることになるそうだ。不特定多数の利用を前提とした公衆浴場は、料金の有無にかかわらず、公衆浴場法上の条件を満たしていなければならない。

確かに、風呂に湯を溜めてレジオネラ菌などが繁殖すると、健康被害を生じる恐れもあり、保健所として取り締まることは当然だろう。そんなことも考えずに、素人が風呂小屋を建築していると聞いた保健所は、対応を余儀なくされたのだ。

保健所の職員の説明は、法律や制度のことになると明確でわかりやすかったが、じゃあどうしたらいいの？　という点では何か歯切れが悪かった。要は、公衆浴場法の適用になると、自分たちが検査に行くことになって、ダメ出しをせねばならないから、それを避けたいようだ。

例えば、海水浴場のシャワーの場合は、お湯を溜めないでシャワーを流すだけだから、公衆浴場法の適用にならないという。それから、個人の家庭の風呂については、不特定多数の利用ではないから、当然対象外だと付け加える。

サウナ風呂については、公衆浴場法が制定された時には、想定されていなかったが、現時点では法の対象になるらしい。サウナ風呂は湯を溜めないし、毎回殺菌しているようなものだと主張しても、相手にされなかった。

完成した「温森庵」（2017 年 6 月 25 日）

わたしたちは、天売島おらが島活性化会議とも相談した上で、公衆浴場法の適用にならない施設にする方法を選んだ。当初予定していたユニットバスは使用せず、お湯を溜めないことにした。そのかわりシャワーを二つ備えて、キャンプ場利用客にはシャワーで我慢してもらう。サウナ室は予定通り作るけれども、天売島おらが島活性化会議の個人的な利用に限り、一般供用はしない。

つまり、海の家と同じようなシャワー施設ならば、公衆浴場法の適用にならないし、サウナ室も個人使用に限れば法に抵触しない。でも、個人の家庭風呂でも、友達が泊まりに来たら使ってもらうよね。天売島おらが島活性化会議の方も、島の仲間はみんな友達さ、という。それに、天売島に来る観光客も仲良くなったら、同じように友達付き合いになる。もちろん、そんなことは保健所には伝える必要はない。

かくして、公衆浴場法の制約を受けない、従って保健所の検査の必要もない、サウナ付きシャワー小屋が誕生することになった。保健所の担当者も胸をなでおろしただろうし、わたしたちも大手を振って建築を進めることができた。

サウナ付きシャワー小屋が完成し、その名前を決めることになった。天売島応援プロジェクトのメンバーと、天売島おらが島活性化会議の面々に、メールで名称募集の連絡が来た。皆さんの賛同を得て、結果的には「温森庵（ぬくもりあん）」が採用された。サウナとトドマツ材の「温もり」と天売島の「森」の間伐により発生した材という意味が込められている。天売島おらが島活性化会議の齊藤さんの手による「温森庵」と書いたトドマツ材の名札が、小屋の入り口の上に掲げられた。

天売島では、「温森庵」完成を祝って、モチ撒きの儀式が行われたという。天売島おらが島活性化会議の面々が、温森庵の屋根に登り、集まった子供たちや島の方々にモチを投げて、盛大にお祝いをしたらしい。天売島においては新築の建設物が久しくなかったせいか、とても盛り上がったと聞いて、わたしたちもとても嬉しかった。

# 第六章　群伐の衝撃

森の惨状を見て、わたしたちは唖然としてしまった。混みすぎるほどに育っていたトドマツの森が広範囲で伐採され、伐木を重機で引きずった跡が地面に刻まれている。四ヵ月前の打ち合わせでおおよそのことを聞いてはいたものの、ここまで荒れ果てているとは…。

わたしは怒る気にもならず呆然とし、ただただ悲しくなった。昔からわたしは怒るべきところで、その代わりに情けなくも涙ぐむことが多かった。「怒りは敵と思え」とか、「一朝の怒りに一生を過つ」なんてことわざがあるけれど、そんなことを冷静に考えていたわけではない。ひょっとすると、若い頃に度を過ぎた怒り方をして人に迷惑をかけ、自己嫌悪に陥った経験のせいかもしれない。

## 六．一　風倒木処理と群伐

二〇一九年七月十一日、北海道留萌振興局が主催する「天売地区保安林改良工事に係る関係者説明会」が、天売島で開催された。二〇一八年から保安林改良工事として実施された伐採が、当初の説明とは異なり、余りにも大規模で乱暴だと批判が大きかったことから、説明会が開催されることになったのだ。

最初に案内されたのは風倒木を処理した現場で、二〇一六年の暴風により被害を受けたトドマツ林の一部だった。伐採した後も、林縁部からバタバタと倒れている様子が痛々しかった。担当者の説明では、トドマツの高齢林（約五十年生）が過密状態であるため、強風に弱く倒れやすかったという。トドマツの根の張りが狭く、上へ上へと伸びているため、風で揺すられると簡単に根返りをして倒れてしまうらしい。

群伐跡地～林縁から枯れて倒れている（2019 年 7 月 11 日）

その奥には、広く伐採された現場があり、ぽっかりと樹木のない空間が開け、茶色い地べたに草が繁茂している。風倒木を整理するために伐採が必要だったことは理解できるが、それ以外の樹木を大規模に伐採するのはなぜだろう？

留萌振興局の担当者は、五十年生程度のトドマツの高齢林が過密化しており、風倒・枯損などの被害が出ているので、整理すべきだったと説明した。速やかに伐採して、安定した広葉樹主体の複層林に変えていくという。伐採方法としては、光環境の改善、伐採の安全確保、保安林機能の維持を考慮して、樹高の二倍程度を目安に、三十メートル四方の群伐としたらしい。群状に伐採してその跡に植樹することにより、早期の樹種転換を図るという。

わたしたちも基本的には、同様な問題意識を持っていた。トドマツ林が過密に育っており、風倒、枯損などの被害が出ていることも事実で、林内が暗いため広葉樹が侵入しても育つ可能性は低い。

わたしたちは試験地において、トドマツ林へのダメージを最小限にする施業を行ってきた。将来に向けて残す樹木（育成木）と伐採する樹木を見極め、少しずつ間伐を実施してきたのだ。そして、林地へのダメージを最小限にするため、重機による大規模な伐木の運搬を行わず、馬搬により材を引き出した。馬を使えば、人が歩けるほどの幅があれば容易に伐採木を搬出することができる。

一方で、このような育成木施業による間伐と馬搬による集材は、専門的な知識と技術が必要で、それを担える人材は限られている。特に混みいった林地における抜き伐りは、倒れた樹木が周りの立木に引っかかって、掛かり木になることが多い。掛かり木を倒して集材することには困難がつきもので、それに伴う事故も多く発生している。

だから、行政として伐採の安全確保を強調するのは、ある意味当然だ。効率的、経済的に樹木を安全に伐採し、短時間で集積するためには、広く伐採し、重機で引っ張り出すのが手っ取り早い。しかし、留萌振興局が島民に対して事前に説明していたのは、「列状間伐」であり、列状に伐採した材を重機で集材するはずだった。そして、伐採量は林地の材積の三割に留めるとしていた。その比率の分母に当たる林地を広めにとって、三割分の伐採を部分的に集中すれば、このような群伐が可能になるらしい。

わたしたちは、搬出した伐木は、林縁に整理して積んで乾燥させ、無駄にならないように島内で活用することにしていた。トドマツ材は思ったよりも質がよかったが、売れるものではなく、島外に持ち出して売ろうとしても運搬費で赤字になる。だから、可搬式の製材機を持ち込み、乾燥したトドマツ材を製材して建築に用いることにした。島の方々の希望に沿って、キャンプ場のサウナ付きシャワー小屋（二〇一七年完成）と食器洗い場（二〇一九年完成）を作ってきた。

そのように気を遣いながら、わたしたちは天売島の森の整備と、それに伴って発生する間伐材の有効利用を実践していた。しかし、あっという間に隣接する森は破壊されてしまった。その上、わたしたちの試験地の一部には、伐採木を搬出するために幅五メートルほどの

群伐のために伐り開かれた集材路（2019年7月11日）

集材路が伐開され、重機に踏み荒らされた跡が残されていた。集材路の両側の樹木は傷がつき、傷からにじみ出す松ヤニが痛々しく目立っていた。

わたしたちが間伐を行ってきたトドマツの量は、せいぜい一年間に十立方メートルだった。達人たちの力によって伐採と馬搬と製材を行い、建築で利用できるのは、せいぜいその程度の量だった。毎年森に手を加え、その影響が過度にならないように、確認しながら進めてきたつもりだ。そして、伐採や製材の過程で出てきた枝や端材は、木材加工品やサウナ小屋のストーブの薪として利用した。

それに比べて、二〇一八年に治山事業として実施した伐採は、約千立方メートルという二桁も違う大量なものだった。その作業に細かい配慮は行き届かず、短時間の効率的な方法をとったため、周辺へのダメージが大きくなった。安全確保のために、このような伐採方法をとったという説明だったが、実際には請負業者の作業員が怪我をして大変だったらしい。

二〇一九年の説明会の時点では、トドマツはいくつかの土場に積み重ねられており、どのように利用するかは決まっていなかった。ベンチなどの作成や、植栽時のウッドチップマルチングなどの利用も考えているとの説明だった。積み重ねられている材は、地面に直接並べられており、接地面から水分が上昇して腐朽が進んでいた。

天売島の方々は、その伐採の跡地を見て、とても怒っていた。海の宇宙館の寺沢孝毅さんは、ドローンで撮った写真を添付し、「野鳥の楽園にミサイルが落ちた」ようだとブログで訴えている。その写真には三十メートル四方で数カ所伐採され、茶色い地表が露出している様子が痛々しく写っている。わたしには三十メートル四方の皆伐に見えたが、北海道留萌振興局は「群伐」と呼んでいた。

## 六.二　豊平川河畔林伐採の経験

わたしは、二十年以上前に、札幌市の豊平川河畔のヤナギ伐採で大騒ぎになった現場で、その信頼回復のために苦労した経験がある。天売島の伐採で島民の信頼を失ってしまった状況を見て、その時のことを思い出した。信頼を失うのは一瞬であるが、信頼を取り戻すためには長時間かかるし、大変なエネルギーを注ぎ込む必要がある。

留萌振興局の信頼回復の努力を応援するつもりで、天売島の説明会の前に、豊平川の伐採と対応の資料を持って担当課を訪れた。個人的な怒りとか失望を抑えて、冷静に彼らのためを思って説明したつもりだったが、反応はよくなかった。彼らは、状況は違うし、担当部局も相手にする方々も異なるので、参考にはならないと受け止めたようだ。

わたしが経験した事例とは、一九九五年に河川管理者が豊平川の河川区域のヤナギを高さ一・五メートルで切りそろえたために起こった騒ぎである。野鳥の会や自然保護団体の方々が、河川環境や野鳥の生息に影響が出ると訴え、北海道新聞の三月二十一日の紙面に大きく批判記事が掲載された。

河畔林は、洪水時に流れを妨げ、また流木になって下流に支障を及ぼす恐れがあるので、河川管理上注意すべき存在だ。豊平川は札幌市を貫流する急流河川で、一九八一年には、堤防決壊は免れたものの、甚大な洪水被害を経験した。そのため、河川管理者としては、洪水を安全に流下させるために、河畔林を適切に管理しなければならない。当時の河川管理者は、根元から伐採すると環境上の影響が大きすぎると考え、高さ一・五メートルで伐り揃え

豊平川の鬱蒼とした河畔林

たらしい。

野鳥の会や自然保護団体の方々は、札幌のような市街地において、河畔の緑は環境上非常に貴重だと強調していた。河畔林に沿って飛ぶ野鳥や、水鳥の子育てにも影響があると指摘する。そういったことも含めて、専門家の意見を聞いてから、慎重に伐採計画を立てるべきだという。

河川管理者としても、専門家にも相談したし、よかれと思って根元からの間伐は避けたと説明した。しかし、当時の河川環境保全や公共事業批判の勢いは強く、河川管理者は劣勢に立っていた。そして、豊平川ではその後三年間、全く樹木の伐採ができない状況に陥った。

わたしは、一九九八年に豊平川の河川管理をする事務所に配属され、野鳥の会や自然保護団体の方々と対応する立場になった。現地の状況は、中途半端な高さで切りそろえられたヤナギから、多くの枝が萌芽し、密生している状況だった。うっそうとした枝葉は、洪水時の流れをかえって妨げる恐れがあり、環境保全上も景観上も決して望ましくないように見えた。

ヤナギは成長力旺盛で、伐採してもその切り口付近から多くの枝を伸ばし、枝葉が密集した樹形になる。もともと、ヤナギは春先に多くのタネを風で飛ばし、水分状態のよい河畔で一斉に発芽するので、密度の高い河畔林に成長しやすい。「ヤナギに風」というように、ヤナギ類は柔らかな印象ながら、なかなかしぶとく、ゴッツい性質を持っている。

だからヤナギ類は、伐採も含めて河川管理上、環境保全上、維持管理にも気を遣わなくてはならない樹種なのだ。

そのころ、ただでさえ公共事業は批判が強く、特に河川に関わる改修事業やダム建設は、環境をないがしろにしているとマスコミを賑わしていた。そのため、洪水被害を軽減し、地域のために河川整備を進めてい

豊平川の河畔林と出水状況

ることを強調しながら、環境保全に配慮していることをアピールする必要があった。

そこで、河川管理者として河畔林伐採の理解を得るため、一九九九年二月から頻繁に説明会を行うようになった。近隣の連合町内会や関係市民団体に参加を呼びかけ、専門家にも客観的な説明をお願いして、現場を見ながら議論することを心がけた。

わたしたちは、河畔林を伐採しなければならない理由を説明し、環境保全に配慮した伐採方法を提案した。河畔林の連続性を分断しないように間伐を基本とし、水際の樹木や低木は極力残す。河畔林はほとんどがヤナギ類であるが、その他の在来種は残すようにする。株状に密生しているヤナギ類は、主要な幹以外は根元から伐採する。また、中州の伐採時にはサケの産卵床を痛めないように配慮する。

自然豊かな河畔林は、ヤナギ類だけではなく、多様な樹種が成長している。豊平川のような都市河川では、他の樹種のタネが入ってこないことから、ヤナギ類ばかりの河畔林になりやすい。

また、豊平川は都市河川でありながら、多くのサケが遡上し、産卵する環境にも恵まれている。豊平川を遡上するサケの半数以上は、自然産卵して孵化した野生魚だといわれている。そのため、河畔林の伐採で重機が入って産卵床を荒らさないように求められていた。

提案した伐採方法は、治水上、環境上、維持管理上望ましいと考えられる仮説に基づいており、専門家の協力も得て、検証していくことも約束した。そして、一方で、河川区域の中には空間的に余裕のある箇所があるので、自然に近く多様で地域にあった河畔林を再生したいと表明し、市民にも協力を求めることにした。

そのようにして、一九九五年の伐採で信頼を失ってしまった河川管理者は、一九九八年から三年ほどかけて、少しずつ着実に信頼回復の努力を続けた。その時に市民とともに植栽した自然に近い河畔林は、幌平橋地点（ホロヒラタイ）、北十三条大橋地点などで順調に育っている。

## 六．三　伐採に関わる島民説明会

豊平川において樹木の伐採で市民の信頼を失い、それを取り戻す努力を続けた経験は、貴重なものだと思っている。その経験を天売島の問題にも活かして欲しいと心から願っていた。前述の通り、現地説明会の前に留萌振興局を訪れ、資料を用いて説明したが、余り興味を持ってもらえなかった。

説明の中で、このような問題を解決していくためには、専門家の意見を聞いてオープンに議論することが重要だと強調した。しかし振興局としては、異なる意見がぶつかってまとまらない恐れがあるので、現地に専門家を呼んで議論することは望んでいなかった。彼らは、林業試験場の専門家の意見に基づき計画し、実施したことであるから、それに異を唱えそうな専門家の意見を聞きたくはないらしい。

けれども、天売島の方々が説明会に専門家の参加を希望するならば、それを妨げるつもりはないと、彼らは付け加えた。天売島の方々は、もちろん専門家の意見を聞きたいと望んでいた。森林伐採の方法やその影響については、素人には難しいと考えるのは当然のことだ。そのような経緯で、わたしは天売島応援プロジェクトの中心的メンバーでもある、北海道科学大学名誉教授の岡村俊邦さんと説明会に参加することになった。

岡村さんは、火山活動や洪水などで出現した裸地に自然に育つ森林について研究し、その成果を元に自然に近い緑地を再生している。三十年ほどにも及ぶ研究と森づくりの成果は、北海道や本州の各地で成長する樹林を見れば誰にでも理解してもらえるだろう。この研究には、わたしも共同研究者として名を連ねており、二〇一五年に「緑の手づくり―自然に近い森をつくる『生態学的混播・混植法』の成り立ちと広がり」（吉井・岡村共著）としてまとめさせていただいた。

二〇一九年七月十一日の天売島で行われた関係者説明会は、留萌振興局の幹部が、島民に対して謝罪することから始まった。当初はトドマツを列状間伐する予定で、それを天売島の

天売地区保安林改良工事に係る関係者説明会

方々に説明していた。しかし、理解を得ないままに計画を変更し、群状伐採を行ってしまった。また、伐採した樹木を重機で運搬するため、わたしたちが天売島応援プロジェクトとして行っていた試験伐採地を乱暴に伐り開いてしまった。

現場における視察の後、一休みしてから、夜に天売総合研修センターにおいて説明と議論の場が設けられた。説明者側として、留萌振興局の方々が並び、その後ろに林業試験場の研究者と、施業計画をまとめたコンサルタントの方が控えていた。わたしたちは、島民の方々と一緒に説明を受ける立場の席に、隠れるように座っていた。

群伐による伐採木の集積（2019年5月4日）

室内の議論になっても、島の方々の怒りは収まらない様子だった。その時の伐採は、天売島を訪れる観光客の方々からも批判され、島民としても答えようのないもどかしさがあったようだ。列状間伐する予定だと聞いていたのに、説明もなく群状で伐採したことは約束違反だとも糾弾する。誰が見ても乱暴な伐採で、いくら謝罪されても、壊された森林は元に戻らない、と厳しく批難する。

　島民に請われて参加していた岡村さんは、最初は黙っていたものの、我慢しきれなくなったようだ。焼尻島に残されている広葉樹を見ても、天売島にも元々多様な樹種が繁茂していたはずで、それを目指すべきだと主張した。今回のように一辺に伐採するのではなく、トドマツや広葉樹の天然更新を促しながら、少しずつ伐るべきだ。わたしたちが試みてきた育成木施業は、その方向で進めてきたのだ。

ただでさえ剣呑な雰囲気の中、コンサルタントの方と林業試験場の研究者が火に油を注ぐような言葉を発してしまった。コンサルタントの方は、広葉樹の複層林に早く変えていくためには群状伐採が効果的だし、「あの程度ならば」問題がないと断言した。林業試験場の研究者は、伐採は「あのレベルぐらいならば」問題がなく、かえって常緑針葉樹によって降雪が遮断されるよりも水源かん養効果があると言い切った。

「あの程度ならば」と「あのレベルぐらいならば」の言葉に怒った島民の方が立ち上がり、発言者を指さして糾弾した。天売島民の気持をわかっていない発言だ、そのような感覚で天売島の森林を扱って欲しくない。もっともな反論に圧倒され、しばらく誰も何も言えない沈黙が会場を支配してしまった。

しかし、だからといって事態がどうなるものでもない。留萌振興局としては、ご意見を真摯に受け止め、応援プロジェクトの活動も参考にして、ご理解を深めながら進めていきたいと締めくくった。そして彼らは、道庁本庁や林野庁から認めてもらった五ヶ年計画に則って事業を進めていくとも付け加えた。つまり、認可されている事業なので、計画を大きく変更することは不可能だという意味らしい。

わたしたちは、起こってしまったことは仕方がないにしても、これから森を再生し、島の方々の不信感を和らげていくことに力を注ぐつもりだった。しかし、留萌振興局の方々は、わたしたちに彼らの仕事に反対する者とレッテルを貼ってしまったようだ。一方で、島の一部の方々からは、わたしたちも貴重な森をないがしろにした共犯だと見られていた。

いつもお世話になっていた島のおばちゃんは、わたしたちが群伐の犯人と疑っていたようで、話しかけても笑顔を見せてくれなかった。もっと大事に森を扱ってくれていると信じていたのに、と悲しそうにつぶやく。わたしは大慌てで、わたしたちはいつものように少しずつ抜き伐りをして、周りの木を痛めないように、馬で集材していたと弁明する。わたしたちは今回の大量伐採には係わっていないと説明した。

よかれと思って仕事をした留萌振興局の担当者もかわいそうだ。島の方々の厳しい追及に、縮こまって答えるしかなかった。事実を否定することもできないし、実施したことが間違いだったと認めるわけにもいかないのだろう。

誰が悪いと糾弾しても、どうしようもないことはわかっている。でも、同じような間違い(本人たちは間違いとは認めないだろうけれど)を繰り返さないように、こうなった経緯を振り返ってみてほしい。研究者の意見を聞いて、それを踏まえて計画を作り、補助事業の予算要求をして、予算を確保して、それを実際に事業として施行した。それは行政として、当たり前の手続きだろう。

でもその過程に、森を良くするという本来の目的ではなく、予算を確保することとか、新たな仕事を認めてもらうという手段が目的化したのではないか？　目的と手段の取り違えはなかったのか？

そもそも、天売島の森林は羽幌町のもので、水源かん養保安林に指定され、諸先輩や島民の皆様の努力によって再生されたものなのだ。群伐により荒らされた惨状を見ると、水源かん養保安林として、治山事業としての目的に沿っているようには思えない。そして、森林の所有者や、森林再生に携わってきた方々への敬意が、少しも感じられない。

## 六．四　森という不思議な存在

森を伐採することがどういう意味を持つのか、それ以前に森という存在についても、わたしたちにはまだ理解できていないことがあるようだ。森は、単なる樹木の集合体ではなく、地面とその下の土壌と根系が有機的に結びつき、周辺の空間とそこに生息する動植物と競争・共生して成長しているのだ。

樹木たちの知られざる生活

あらためて、そのようなことを考え始めたのは、ドイツの森林管理官が著した「樹木たちの知られざる生活」に巡り会ったからだ（ペーター・ヴォールレーベン：樹木たちの知られざる生活―森林管理官が聴いた森の声、長谷川圭 訳、早川書房、二〇一八）。

この書籍のまえがきには、「人間と同じように木も痛みを感じ、記憶もある。木も親と子がいっしょに生活している。そういうことがわかった以上、手当りしだいに木を切り倒し、大きな乗り物で樹木のあいだを走りまわる気になどならない。二〇年ほど前から、わたしの営林地では大型の機械を使わないようにしている。木を伐採したときは、作業員が馬を使って慎重に運び出す。健康な森——幸せな森と言ってもいいかもしれない——はそうでない森と比べると、はるかに生産的で、そこから得られる収入も多い」と述べられている。

原著は二〇一五年にドイツ語で書かれているので、ペーター・ヴォールレーベンは一九九〇年代から慎重な森林管理を行っていたことになる。わたしたちが天売島で実践している近自然森づくり、馬搬による集材が、彼にとっては当たり前のことなのかもしれない。

わたしは、森林の樹木に感情移入をして、可哀想だから伐採をするなというつもりはない。ただ、森林に関わる不思議なことが科学的に解明されてきているのだから、それを理解して健康な森（幸せな森）を目指したいと心から願っている。そして、それはわたしたちが実践してきたことに、かなり近いようだ。そして、健康な森こそが「はるかに生産的で、そこから得られる収入も多い」というのだ。

特に、離島のように伐採しても利益を得られず、現地で有効利用しなければならない森林こそ、健康な森を目指すことに集中すべきだ。そして、試験的な営みを通じてわかったことを他の森林整備にも活かしていくべきだと思う。

ここでは、わたしが驚かされた森林の不思議さをいくつか紹介するに留め、詳しいことは「樹木たちの知られざる生活」を読んでいただきたい。

ペーター・ヴォールレーベンは、樹木たちがさまざまな方法を用いて、コミュニケーションを取っていることを紹介している。樹木は、化学物質を大気中に出して仲間に危機を知らせているし、根系を通じた電気信号による伝達もできるらしい。

キリンに葉を食べられたサバンナアカシアが、葉の中に有毒物質を集めるとともに、警報ガスを発散することが、四十年以上前に確認されたという。この警報ガスに気づいた仲間のアカシアは、同様に有毒物質を準備するので、キリンはそれを避けて、風上の百メートルぐらい離れたアカシアの葉を食べに移動するらしい。

また樹木には、害を与える昆虫に対抗する能力があることも、研究で明らかにされている。昆虫の出す唾液で種類を特定し、その昆虫が嫌がる物質を分泌する樹木も存在する。また、昆虫の天敵が喜ぶ臭いを発散して、天敵を呼び寄せて、自分に害を与える昆虫を退治してもらうこともあるという。

そして、そのような情報は、大きく広がった根系を通じて、周りの仲間たちにも伝達される。根系を通じたコミュニケーションは、化学物質だけではなく、電気信号も使われるらしい。根系そのものだけではなく、その先に広がる共生している菌糸も情報伝達に参加しているという。

根系と菌糸は森林土壌中に伸びて、森全体に網のように張り巡らされている。このネットワークを使っていろいろな情報が交換されていると思われるが、具体的にどのような情報がどのぐらいの範囲で交わされているのかは、まだわかっていない。樹木のコミュニケーションは、同種類の間だけではなく、森全体で共有されている可能性があり、動物や昆虫との競合においても活用されている。

この根系と菌糸のネットワークは、仲間同士で栄養分を分け合うためにも機能しているそうだ。だから、同種の樹木が密集して生育している森においては栄養分を融通し合うため、全体的な生産性が高い場合もあるという。

天売島で間伐したトドマツの材質は、予想したよりも良くて、建築物に活用できた。それは密に育ったトドマツが、栄養を融通しあって健全に育っていたおかげかもしれない。間伐した後も、根系のネットワークを修復し、変わらずに順調に育って欲しいものだ。新たに侵入した広葉樹も、周りのトドマツたちに受け入れられて、コミュニケーションをとるようになれるのだろうか。

樹木がどのように根から水を吸い上げ、樹冠を通って枝葉まで輸送するのかについては、よくわかっていないらしい。樹木の水輸送について、毛管力と蒸散と凝集力が機能しているといわれているが、ペーター・ヴォールレーベンは、どれも説得力に欠けているという。

ある研究では、夜間に吸い上げた水によって幹の導管がはち切れそうになり、静かな音が出ていることが観察されたそうだ。その音は導管の中に二酸化炭素の泡が発生していることによると推測されている。それが本当ならば、導管の中の水は気泡によって分断されていることになり、毛管力、蒸散、凝集力は作用していないことになる。

地球上の水循環において、森林が大きな役割を持っていることは事実のようだ。海岸から遠く離れた内陸部でも雲が形成され、充分な雨を降らせるのは、森林の葉から蒸散する「森のポンプ」のおかげだという。海岸部の森が伐採されるとその機能が失われてしまう。

天売島のような離島における森林では、雲の形成に関わる働きについてはわからないにしても、水源かん養効果は充分あるだろう。森林の樹冠は、降雨・降雪を柔らかく受け止め、地表の湿度を保ち、降雨の浸透を助ける効果がある。「樹木たちの知られざる生活」によると、樹木は水の使い方を学習し、湿潤な環境を保つべく、仲間たちと協力をしている可能性があるそうだ。

わたしたちの進めてきた天売島応援プロジェクトは、「樹木たちの知られざる生活」の恩恵に預かりながら、共存していく試みといえるかもしれない。わたしたちは、少なくとも森林への影響に配慮しながら、樹木たちのコミュニケーションネットワークを傷つけないように施業してきた。できるならば、樹木たちとコミュニケーションをとりながら、よりよい森づくり、共存方法を探っていきたいものだ。

二〇一九年に群伐されたトドマツ林は、先人の作り出した森を伐り出し、無駄にしたばかりではなく、土壌中のネットワークにまでダメージを与えたように感じる。その後、草本が密集した中に、広葉樹が植えられているが、それらが協力関係のネットワークを再生するのに、どれほどの時間がかかるのだろう?

# 第七章　天売島応援プロジェクトのさらなる展開

無残に伐採されてしまった天売島の森林を前にして、わたしたちは気落ちしてしまったが、次なる計画はもう走り始めていた。

二〇一九年にキャンプ場の食器洗い小屋が完成した後、天売島おらが島活性化会議の方々に、次に希望する木造建築物を聞いていた。彼らは、港のそばにシーカヤックを整理して保管する艇庫を提案した。希望に答えて、わたしたちは三年かけてシーカヤック艇庫を建築することになった。

天売島おらが島活性化会議では、毎年子供たちのキャンプ集団を受け入れており、そのメニューの中にシーカヤック体験が入っている。島の北東側の磯から漕ぎ出て、海岸線に沿ってゆっくりと海上を楽しむのが評判らしい。

わたしたちは建築に先立ち、二〇一九年九月にシーカヤックを体験させていただいた。シーカヤック艇庫を設計する宮島さんが、実際にシーカヤックを体験しないと、それを格納する艇庫を設計できるはずがないと言い張ったのだ。

天売島おらが島活性化会議の齊藤さんの案内で、わたしたちは一人乗り三艇と二人乗り一艇に乗り込み、三十分ぐらいのコースを楽しませてもらった。シーカヤックは合成樹脂製の軽いもので、風と波がなければ安定していて漕ぎやすい。

## 七．一　プロジェクト体制の再構築

天売島応援プロジェクトが進むにつれて、プロジェクトの実施体制が少しずつ拡充されてきた。達人たちが活動しやすいように各作業の人員を増やし、また群伐を契機として、無立木地に積極的に多様な広葉樹を植樹することになった。二〇一九年の五月からは、北海道大学森林科学科の学生さんが実習を兼ねて参加してくれた。

大学の森林科学科では、現場で調査や作業を学ぶ機会が、特に減っているらしい。大学としては、学生の安全第一をより求めるようになり、教員が車で作業現場に連れて行くことも、難しくなっていると聞いていた。

わたしが学生のころは、四十年以上前ではあるが、調査兼アルバイトで各地の現場を巡っていた。一九七七年・七八年の有珠山噴火後の現場で、測量機材などを担いで火口原に登り、かなり危険な作業をした覚えがある。事故に遭わなかったから良かったけれど、何か起これば当時でも大問題になっただろう。

天売島応援プロジェクトについて、北海道大学森林科学科の教授に説明し、学生の参加についてお願いした。森林整備のための間伐、馬搬による集材、現地での製材、その木材を活用した建築を一連の活動として経験して欲しい。その上、天売島の条件が厳しい風衝地で、自然に近い多様な森を作る植樹にも参加できるのだ。そんなチャンスは他では考えられない。

その教授は、安全対策をしっかりすることを前提に、学外の活動としてプロジェクトの参加希望者を募ってくれた。希望する学生はとても多くて、先着順で絞り込む必要があったという。フィールドワークを期待して、森林科学科を希望した学生にとって、このような機会は魅力的だったのだろう。

二〇一九年と二〇二〇年には、五人ずつ北海道大学の学生に参加してもらった。札幌から羽幌までワゴン車に乗せ、そして羽幌からはフェリーで天売島まで安全に連れて行くためには、五人がちょうどよかった。

二〇二〇年からは、羽幌町の市民団体の方々もプロジェクトに参加してくれることになった。わたしたちプロジェクトメンバーと天売島の方々だけではなく、羽幌町本町側の方々にも、この活動の理解者を拡げていきたいと、以前から望んでいた。天売島と焼尻島は、羽幌町内の宝物のような離島なのに、訪れたことのない人も多くいるらしい。

参加してくれたのは、羽幌町の羽幌シーバードフレンドリー推進協議会である。この協議会は、町役場や環境省等の行政機関のほか、主に羽幌の産業団体、教育機関、離島を含めた

キャンプ場食器洗い小屋（2019年5月6日）

まちづくり団体や環境団体などにより構成されている。特に「海鳥をとりまく自然環境の保全」と「地域産業の振興」の両立を目指した活動を担っていて、天売島の森づくりにも関心を持っているそうだ。

そのように体制を充実させて、二〇一九年は五月三日から六日まで、達人たちと大学生たちが天売島に渡り、作業を進めた。伐採、馬搬による集材、可搬式製材機による製材、そしてその材を活用した建築までのフルコースを実施した。そして、キャンプ場の食器洗い小屋を完成させることができた。

達人たちは、平日は自分たちの仕事が忙しいので、ゴールデンウィークなどの連休にしか作業の日程が取れない。それでも達人たちは、この応援プロジェクトについては、無理をしてでも駆けつけてくれる。

しかし、二〇二〇年のゴールデンウィークは、コロナ禍で動きが取れず、天売島としても島外からの観光客は歓迎されなかった。そのため、九月の連休に日程をずらして、九月の十九日から二十二日にプロジェクトを実施した。この時には、大学生五人と羽幌シーバードフレンドリー推進協議会メンバー十人ほどが加わり、大部隊となった。

## 七.二 シーカヤック艇庫の建築

サウナ付きシャワー小屋と食器洗い小屋に続き、わたしたちはシーカヤック艇庫の建築にとりかかることになった。二〇一九年に現地を見せていただくと、数艇の合成樹脂製のシーカヤックが、浜辺の空き地に並べて置かれていた。鮮やかな色だったはずのシーカヤックは、日焼けのせいか色がくすんで材質も劣化しているように見えた。

天売島おらが島活性化会議としては、夏場のシーカヤックツアーが評判なので、観光の目玉としてどんどん宣伝したいという。シーカヤックツアーに必要な装備品の種類も多いので、それらを整理して保管する艇庫が必要なのだ。シーカヤック本体のほかに、パドル、ウエットスーツ、ヘルメット、ブーツや手袋、レスキューロープなども揃えておかなければならない。

海に漕ぎ出す場所は、港の北東側の浜と決まっているので、そこに近くて運びやすいところに艇庫があると便利だ。天売島では、いつでもシーカヤックツアーができるわけではなく、波が穏やかな時を選ばなければならない。また、条件が良くても、ウニ漁を行っているときは邪魔になるので、ツアーにでることはできない。

シーカヤック艇庫の建築に適した場所を天売島おらが島活性化会議の方々に探してもらうと、港のすぐ前の土地を勧めてくれた。それは、活性化会議のメンバーの親戚が所有している土地で、当面利用する予定はないという。シーカヤックツアーの出発点にも近く、必要なときにすぐ人力で運ぶことができる。港に近くて観光客も集まる場所なので、シーカヤックを展示すれば宣伝にもなりそうだ。

木造建築設計の達人である宮島さんは、二〇一九年九月のシーカヤック体験の後、艇庫の設計案を見せてくれた。緩やかな三角屋根が港から見える、切妻屋根の構造で、九本の柱が屋根を支えている。艇庫の正面からシーカヤックを突っ込んで並べ、収納するように設計されていた。

わたしは、シーカヤック艇庫が完成したら、その屋根の上で港を眺めながらビールを飲んでみたいと夢みている。ちょうど建築地点の目の前が港で、漁船が多く停泊しているのが見える。そののどかな風景を見渡しながら、できればウニを肴に、ビールを楽しむなんて、なんて幸せなことだろう。

前にも述べたが、二〇二〇年五月の連休からシーカヤック艇庫の建築を始める予定だったが、コロナ禍の緊急事態宣言で、天売島に渡ることはできなかった。新型コロナのＰＣＲ検査陽性者が道内でも増加しており、天売島では道内・道外からの観光客は自粛するように呼び掛けていた。ちょっとした熱でもフェリー乗船は控えなければならない状況で、無理をするわけにはいかなかった。

九月になるとコロナ感染の状況は良くなり、天売島でも夏場の観光客の減少を少しでも取り返そうという雰囲気になってきた。岡村先生を中心に、わたしたちは延期していたプロジェクトを再開するため、達人や応援者たちに呼びかけ、応援部隊を編成した。

九月十九日、フェリーが出航できたのは良かったが、波が高くて揺れがひどく、離島の厳しさを再認識させられた。わたしは、大揺れのフェリーで、何度かトイレに駆け込むことになった。毎年何度もフェリーに乗っているのに、全然慣れることはない。やはり島に渡るには、五月からお盆までの波が穏やかな時を選びたいものだ。

船酔いのダメージは大きかったが、わたしたちは休む暇もなく作業を始めることになった。港から宿泊施設に寄って、荷物を置いて着替えをし、天売島研修センターに集まり、オリエンテーションでプロジェクトの内容を確認する。総勢二十人ほどの大部隊で、伐採と集材、建築、植樹の大きく分けて三種類の作業を並行して行うので、段取りの確認が重要だ。そのうえ、集材した丸太を柱として建築に利用するので、タイミングを合わせなければならない。

シーカヤック艇庫建築の現場では、建築設計の達人である宮島さんと、建築作業の達人の松田さんを中心に、すぐ作業が始まった。建築位置の確認をして、測量により九本の柱の位置を決める。柱を立て込むための穴をミニバックホウと人力で掘るのが重労働だ。

シーカヤック艇庫建築地鎮祭
（2020年9月21日）

そして、柱を立て込む前に、宮島さんの指導で地鎮祭を行うことになった。九本の柱の穴に、時計回りで順繰りに酒、米、塩を振りかけ、土地の神を祀り、工事の安全を祈る。弥栄、弥栄。北海道大学森林科学科の女子学生が参加していたので、巫女さんの役を演じてもらった。

シーカヤック艇庫の建築（2020 年 9 月 21 日）

地鎮祭で土地の神様にお許しをいただいた（はずの）それぞれの穴に、伐採現場から運び込んだ柱を一本ずつ立て込んでゆく。育成木施業で伐採木として選ばれたトドマツをチェーンソーで伐採し、馬搬で集材し、人力で皮をむいた材だ。その中でもしっかりとした質の良い部分をクレーンでトラックに積み込み、建築現場に移送してきた。

建築現場では、建築の達人である松田さんの指導で、掘った穴に柱を埋め込み、正確な位置に垂直に固定して、柱の周りに採石を詰めていく。そして、その上を現地練りのコンクリートで蓋をする。

シーカヤック艇庫は、サウナ付きシャワー小屋や食器洗い小屋よりも大きく、より正確できめ細やかな施工が求められるので、三ヶ年の工期を予定している。製材の加工精度を上げることが求められ、材の組み合わせ方も慎重に設計されている。

二〇二〇年は、艇庫の柱が九本立った状態で、関連資材をその下に整理し、ビニールシートで覆って次年度以降に施工を繰り越すことになった。伐採現場近くにセットしていた可搬式製材機も、ビニールシートで厳重に包み、ロープで縛って現地に置いておくことになった。

作業を終え、島を離れる前夜に、天売島おらが島活性化会議の専務理事である坂本学さんが、海鮮バーベキューパーティーを企画してくれた。天売港の裏にある土産物屋の一画に、キッチンと集会のスペースが確保してある。その前の歩道に、炭をおこしたバーベキューコンロを並べて、木のベンチが取り囲んでいた。

わたしたちは、暗くなった港と空を眺めながら、海の幸と焼き鳥に舌鼓をうち、ビールとワインを飲み干していった。達人たちも、参加してくれた学生たちも、それまでは作業に忙しくて、みんなで一緒に食事をする暇がなかった。やっと、みんなで集まって話は盛り上がり、とても楽しい時間を過ごすことができた。

学生たちは、達人たちの話を聞きたがり、達人たちもお互いの仕事の様子を語り合っている。達人たちはそれぞれのワザを発揮することに専念しており、他の現場の仕事を見る機会は少ない。でも、それぞれのワザが繋がりあって、大事なプロジェクトが成り立つのだから、とても面白い物語が生まれる。

坂本さんは、わたしたちとの活動に満足しているものの、もっと楽しむ時間を作ってくれと望んでいた。せっかく来たのだから、みんなと交流しながら、もっとゆっくりと天売島を満喫して欲しいという。確かに、わたしたちは急かされたように仕事に邁進していて、島の穏やかな風景と生活の時間の流れからは、かけ離れたような存在だ。

わたしたちも、できるならば仕事をゆっくりと進めたいと思っていた。でも、達人たちは忙しい自分たちの仕事を抱えながら、やっと連休に時間をとって駆けつけてくれたのだ。その限られた時間を使って活動の成果を上げるために、ちょっと無理をしているのかもしれない。

いずれにしろ、坂本さんのおかげで、美味しい海の幸をいただきながら、楽しい会話が弾んで、天売島の最後の夜を盛り上げることができた。どうもありがとう。

## 七.三　無立木地の植栽

二〇一九年までの天売島応援プロジェクトでは、樹木の生えていない場所における積極的な植樹は行っていなかった。植栽といえば、グイマツを間伐して明るくなったところに、ミズナラのタネやポット苗を補植するぐらいだった。また、トドマツを間伐した跡には、トドマツの稚樹や広葉樹が自然侵入していることが確認されていた。補植をしなくても、それらが後継樹として育つことが期待できそうだ。

しかし、二〇一八年の留萌振興局の群伐と、その跡地の植樹の実態を見ると、健全な針広混交林の再生を天売島で実践する必要を感じた。群伐が行われたトドマツ林よりも、さらに厳しい条件の無立木地で、健全な森林を育てて見せようじゃないか。

じつは、二〇一五年に岡村さんとわたしが、恩師である東三郎先生の元を訪れたときに、天売島の無立木地の植樹の話が出た。東先生に「緑の手づくり」(吉井・岡村共著、中西出版電子書籍、二〇一五)の出版の報告に行ったときのことである。

「緑の手づくり」に、その時点までの天売島応援プロジェクトについて記載されていたが、東先生は不満があるご様子だった。森の間伐整備は良いけれど、伐るのはあっという間で、森を創り出すことは、それよりとても時間がかかり難しい。だから、少しずつでも森林を拡げていく努力をしなさいとおっしゃった。

今から思い返すと、東先生は、群伐の悲劇を予言していたようにも感じられる。でも、東先生は二〇一九年にご逝去され、そのことをお伝えすることはできなかった。結果として、先生のお言葉にすぐ応えることができなかったが、これから植林の努力を続けよう。

天売島の北側には無立木地が広がっており、ごくわずかの樹木は散見されるものの、自然に森林が再生していくとは思えない。海風が吹きすさび、草本やササが密生しているため、樹木のタネが運ばれたとしても、地面に定着して生育するのは困難だろう。

わたしたちは、羽幌町と留萌振興局に相談をして、植樹しても問題にならない無立木地を探した。例えば赤岩周辺には、草本しか成育していない緩斜面があるが、ウトウが穴を掘って巣作りをしているので、樹林化は望まれないだろう。しかし、そういった場所以外では、森林の拡大は皆から喜ばれるはずだ。

羽幌町からは、天売島北側の羽幌町所有の無立木地を勧めてくれた。私有地で勝手に植林すると、後々問題が生じる恐れがある。土地境界の杭が現地に入っているわけではなく、詳細な測量に基づく図面はないので、大まかな図面に頼るしかなかった。その図面と空中写真を重ね合わせて、境界を推定し、多少ずれても問題にならないよう、余裕をとって場所を設定する必要がある。

わたしたちが進めてきた生態学的混播・混植法による森づくりは、条件の厳しい強風の海岸地域でも実績がある。地域にあった多様な樹種を植栽し、自然に近い樹林を確実に再生してきた。天売島において、昭和時代に水源林造成のために実施された方法とは異なっているが、樹林の成長を妨げる条件を克服するという考え方は同様である。

過去の植栽では、海岸に近い強風地域という厳しい条件を克服するため、土塁や暴風柵が設置され、主に針葉樹が密植された。そして、苗木の成長を妨げる草本やササ類との競争関係を軽減するため、植樹前に重機による地ならしが行われた。

無立木地の草とササの伐開（2020 年 9 月 19 日）

生態学的混播・混植法では、そのような大規模な基盤整備は行わないが、人力でも対応できる工夫が組み合わされる。二〇二〇年九月には、まずは植樹を行う区域の草本とササ類を草刈り機で除去した。羽幌シーバードフレンドリー推進協議会から参加してくださった方々は、草刈り機の操作に長けていて、入念に下ごしらえをしてくれた。
そして、直径約三メートルの円をひとつのユニット（植樹する範囲）として、防草シートを張っていく。この時の防草シートは、加工しやすいことから八角形

防草シートの設置（2020年9月19日）

の形に切り、その角を鉄のピンでしっかり抑えた。シートの配置は、成林したときの樹木の間隔を想定して、それに合わせてユニットの位置をランダムに決めていく。

防草シートの設置は、本来ならば一年以上前に実施するのが望ましいが、初年度は植栽も合わせて行うために、同年施工になった。あらかじめシートを張っておくと、日光が遮られて草本が枯れて、土壌も柔らかくなって植栽が楽になり、腐った草本は苗木の栄養分にもなる。

そして、この八角形のシートを張ったユニットの中に、シートの縁から内側へ五十センチメートルぐらい離して穴を開け、十種類のポット苗を植え付ける。周りから被さってくる草本に負けないように、植栽は縁から距離を置いた方が良いのだ。数十年後には、この十種類のうち現地に適した元気な苗が生き残り、全体的に多様な樹林になることを期待している。

ポット苗は、近隣に成育している自然林の樹木からタネを取り、栄養の少ない土壌で育てたものを二十種類ほど持ち込んだ。天売島に自生している樹木からタネを取り育てたいが、自然林はほとんど残っていない。将来的には、天売島よりも多様な樹種が自生している、焼尻島のタネから苗を育てることも試みたいものだ。

厳しい環境下でも生き残るためには、苗の地上部と根系のバランスが取れていることが望ましく、生態学的混播・混植法で用いる苗はその条件を満たしている。貧栄養下で水を十分に与えられた苗は、根系が発達し、地上部の成長は抑えられ、十年ほど経っても植栽できるものもある。

造園的な手法で用いられる大きめの苗は、地上部は大きく育っているが、根系は小さくまとまっている。根系の成長が抑えられているか、小さめに切られているので、運搬して植えるには便利だ。しかし、根系の外へ外へと広がっている根の先端部を痛めてしまうと、厳しい条件下では生き残れない。地上部が強風にさらされ、水分が失われるのに対して、根系の水分補給が間に合わないせいである。

二〇一八年の群伐跡地に植えられた苗は、美瑛の山の中で育てられたケヤマハンノキ・ミズナラ・イタヤカエデの三種類だった。海岸の厳しい条件に適応できそうな苗を市場で購入することは、現状では困難である。

その上、これらの苗が植えられたのは、伐採後一年以上経って草本が繁茂した後なので、根系の競争に後れをとっている。ウッドチップのマルチングは植栽後に実施されたので、その効果には限界があり、草本との競合に負ける恐れがある。二〇二〇年に確認したところ、植栽後の草刈りで苗木まで切られている箇所もあった。

生態学的混播・混植法でも、ウッドチップや砕石でマルチングをしていた時期があった。しかし、草本を刈り払ってからマルチングしても、その下からどんどん草本が伸びて、苗木が競争に負けてしまう。そこで、苗木を植える前に草本の根系やタネの残っている表土を下に埋め、その下の土を上にかぶせる基盤整備を行っていた。それから苗を植えて、マルチングを施せば、草本の繁茂を遅らせることができる。

その後、この基盤整備を省力化し、草本との競争に負けないように、今回実施したような防草シートを用いるようになった。あらかじめ防草シートを張ることによって、草は枯れて土が柔らかく肥沃になる効果もある。

二〇二〇年に実施した天売島の植栽では、植えた人の名前と苗木の樹種、その位置が全て記録された。そして、事後調査で成長も確認され、その結果に基づき、技術的な改良も行われていく。うまく育っていない箇所があれば、それを担当した人の名前もすぐわかってしまうのだ。

二〇二一年八月に現場を訪れたところ、二〇二〇年に植栽した苗は、順調に育っていることが確認された。特に成長の良かったエゾニワトコは、一メートル以上の高さまで伸びていた。全ての苗の成長は、引き続きモニタリングされ、ほかの方法で植えられた樹木との違いが明らかになっていくことだろう。

## 七．四　森の整備、馬搬集材、製材、建築、植栽の流れ

〈企画と準備〉


二〇二一年の春、天売島応援プロジェクトの活動は、コロナ禍のためまた延期することになってしまった。そのかわりに、八月に最小限の簡単な現地調査と資材搬入、製材機の据付けを実施した。九月に予定していた活動も、見合わせることになり、製材機は翌年まで森の中に放置することになった。

二〇二二年になり、コロナ禍は少しずつ収まってきたので、プロジェクトの再開に向けて

準備が始まった。近自然森づくり協会の岡村さんを中心に企画をまとめて、寄付金や助成金を集め、達人たちや大学生、関係機関との調整が進められた。

ただでさえお忙しい達人たちの予定を押さえるために、ゴールデンウィークに日程を定め、早めに連絡を取り始めなければならない。メールの履歴を確認してみると、岡村さんからのメールは三月一日に届いており、二ヵ月ほど前には、ある程度参加者の目途はついていたようだ。

北海道大学森林科学科の教授に相談したところ、前年度に行く予定だった学生たちを優先的に選ぶよう連絡があった。学生たちとのメールのやりとりの末、参加できない人の代理もすぐ見つかり、五人の参加が決まった。彼らにはあらかじめ資料を送付して、天売島応援プロジェクトの概要と、作業の内容を理解してもらうことにした。

学生たちは、わたしが運転するワゴン車のレンタカーで送り迎えをすることになっていた。八時半に羽幌港を出港するフェリーに間に合うためには、早朝四時半に札幌を出発する必要がある。北大のそばのコンビニで彼らと合流し、八時前に羽幌港に到着しなければならない。

プロジェクトの実施場所は、国定公園内の羽幌町有地で、保安林も含まれるので、手続きが必要だ。いくつかの許可を得るために、早めに申請をしなければならない。保安林内の伐採許可申請は、羽幌町から留萌振興局に出すことになっていて、わたしたちが書類を作成し、羽幌町にお願いをする。植樹予定箇所については、羽幌町に土地の使用許可と、留萌振興局に国定公園内「特別地域内工作物の新築許可」を申請した。

植樹のために防草シートを張ることが、国定公園内の工作物の新築に該当するそうで、その必要性も合わせて申請書に記入する。苗木が成長して防草シートが不要になったときには、それを剥がして確認することも書き加えた。

二〇二二年のプロジェクトには、三十人以上が参加する予定であり、事前の準備も大変だ。岡村さんが活動計画の日程づくりと、参加者への連絡、予算の準備などをまとめてくださった。それぞれ専門的なワザを発揮してくれる達人たちには、技術料を準備するので予算も嵩んでしまう。学生たちや参加者の交通費、宿泊費も近自然森づくり協会が集めた助成金や寄付金を充当する。

資材や機材、そして馬搬で活躍する馬を運搬するために、それぞれの車輌のフェリー積載を予約していた。クレーン付きトラック、馬を乗せるトラック、大工道具を満載した乗用車、学生たちの移動用のワゴン車の四台をフェリーで運ぶ必要がある。

しかし、出発前日までの波浪でフェリーが欠航になっていたため、前日分の車両積載が優先され、わたしたちの車両は夕方の便にずれ込んでしまった。しようがなく、わたしと学生たちは、朝の便で先に天売島へと渡り、夕方にワゴン車を届けてもらうことにした。
森づくりと森林資源利用の達人である石山さんが運転するクレーン付きトラックも、やはり夕方のフェリーで到着することになった。前日から札幌で資機材を積み込んで準備していたが、天売島での作業は半日遅れになってしまう。

**〈オリエンテーションと現地の確認、準備〉**

学生たちの移動用のワゴン車の到着が遅れるので、港で軽自動車をレンタルして、メンバーの移動用に使うことになった。まずは、オリエンテーションを行うため、研修センターに移動しなければならない。ゲストハウス「天宇礼」のオーナーである宇佐美彰規さんの車と、レンタカーの軽自動車に分乗して、研修センターに駆けつける。
オリエンテーションでは、まずは岡村さんから日程の概要を伝え、わたしの「プロジェクトの経緯と概要」、岡村さんの「育成木施業と生態学的混播・混植法」、宮島さんからは「シーカヤック艇庫の建設」について説明した。初めての参加者も多く、大まかに三箇所で分担して作業を進めることになるので、それぞれの作業とその連携を周知しておく必要がある。

プロジェクトでは、固定化した組織の上意下達の指示ではなく、必要に応じて補完し合う協働作業で進めることになる。そのため、それぞれの情報交換、その時々の状況把握と判断が求められる。メンバーが分担して仕事を進めるとともに、他の現場での作業も視察、経験してもらうために、入れ替わりながら実施する。臨機応変な組織運営を目指すものの、危険が伴う仕事もあるので、気を抜いてはいけない。

オリエンテーションの説明の後、昼食を交えて質疑応答を行い、それぞれの現場に分かれて準備に入った。建築現場では、前年から保管してあった資材を整理し、段取りを進めていく。伐採現場では、林道横に放置してあった製材機を覆っていたビニールシートを取り去り、水平に設置し調整する。植栽現場では、翌日に予定している植樹に向けて、図面と空中写真とを照らし合わせて位置を再確認した。

二〇一八年の群伐跡地を見に行くと、林縁の樹木がさらに倒れ、傾いている樹木が増えていて、想像以上の荒廃ぶりに驚かされた。林の中で直立していたトドマツが、群伐によって風当たりが強くなり、端の部分から、どんどん倒れていく。そうすると、次の列のトドマツがさらに風の影響を強く受け、倒木が進む。風の強い日には、近づきたくない危険な状態になっている。

わたしたちが育成木施業で抜き伐りをした箇所は、群伐箇所とは違って、倒木は進んでいないことが確認された。きめ細やかな間伐により、風当たりが集中することがなく、林の中を抜けていく風が多少強まる程度なので、ダメージは小さいのだろう。

二〇二〇年に生態学的混播・混植法で植樹をした箇所では、順調な苗木の成育が確認された。部分的に防草シートが破れて草が伸び、苗木が枯れているところもあったが、おおむね順調だった。植樹と同年度に防草シートを張付しても、十分効果があるので、事前に張付けた箇所の植樹は、なお成績が良いと思われる。

一方の群伐跡地の植栽箇所では、枯れている苗が目立っていた。伐ることを優先して、草との競争を減じる対策に後れをとり、山で育てた苗木を植栽しているようでは、成長が良いはずはない。

群伐による伐採木のほとんどは、使い道の決まらないまま、しばらく野ざらしにされ、台船で運んで売り払われた。その代金は運搬費と相殺されたそうなので、せっかく育った森林は無駄になってしまった。一部の残された材は、現地でウッドチップに砕かれ、無残な姿で山と積まれていた。

やはり、重機による群伐は、準備を周到に行わなければ、伐採木の利用やその後の植栽にも悪影響を及ぼしてしまうのだ。かえって、長い目で見ると非効率で経済的にも問題が出る。森と山を守ることが目的の治山事業なのに、目的が果たされているとはいいづらい。林業試験場のお墨付きを根拠に、専門の行政機関の指導で、コンサルタントが設計し、専門であるはずの業者が請け負って実施したはずなのに…。

わたしたちは、達人たちの知恵に基づき、少ない予算でテマヒマかけて、計画性を持ってゆっくりと活動してきた。わたしたちの取り組みは、市場原理主義に反抗していて、行政システムや業界の実情から乖離しているといわれるかもしれない。また、技術的に対応できる人材不足のため危険だなどと、否定的な理由を並べたてられるだろう。でも、実践することにより、今のところ良い成果を上げ、将来に繋げることができている。

これが、予算があってもできないこと、予算がなくてもしなくてはならないことを成し遂げる、達人たちのワザなのだ。目的は良い森をつくり、その過程で得られる材を有効活用し、みんなをハッピーにする好循環の実践なのだ。できない理由を並べ立てるより前に、できる工夫を積み重ねていきたい。

しかし、わたしたちも気を引き締めて取り組んでいかなければならない。作業のミスで怪我人が出たり、島の方々に迷惑をかけたりするようなことがあれば、作業を続けられなくなる。いくらよかれと思って進めているプロジェクトでも、問題が生じれば批判にさらされかねない。

## 〈みんなでバーベキュー〉

二〇二二年四月三十日の晩、天売島おらが島活性化会議の方々が、わたしたちプロジェクトチームのメンバーをバーベキューに招待してくれた。ちょうどその朝穫れたヤリイカが、刺身と炭焼きで楽しめるという。

ヤリイカの刺身は、特に朝穫れの新鮮なものは、パキパキという食感で、他のイカ刺しとは全く違うと齊藤さんが教えてくれた。ヤリイカと相性が良いという山わさびを、夕方のフェリーで到着するメンバーに届けてもらった。学生さんに頼んで、たくさんの山わさびをチカラワザですり下ろしてもらい、ヤリイカの甘さとの対比を楽しむ。

石山さんは、アウトドアクッキングの達人でもあり、パエリアと焼きそばを調理してくれる。直径一メートルほどもある平たい鍋に米と野菜と海の幸をたくさん放り込み、焼き上げたパエリアは絶品だった。海の幸を十分食べ尽くした後に、目の前で焼いてくれた焼きそば

バーベキューパーティー（2022年4月30日）

も大好評だ。

わたしは以前、ニュージーランドの研究者から、白ワインならピノグリを飲むように勧められたことがある。ピノグリはブドウの種類（フランス語）で、シャルドネよりも酸味が弱く、フルーティーな香りが特徴的だ。ニュージーランドのムール貝の一種、マッセルと一緒に味わうピノグリが、とても美味かった（吉井厚志：海外好き公僕技官のビール紀行、中西出版、二〇二二）。

その晩、天売島のムラサキイガイを炭火で焼いてくれたとき、わたしはニュージーランドを思い出し、小躍りしてしまった。ちょうど、ニュージーランド産のピノグリとイタリアのピノグリージョ（ピノグリのイタリア語）を持参していて、海の幸に合わせようと目論んでいたのだ。ムラサキイガイは、やはりムール貝の仲間で、ヨーロッパのムール貝にも負けないぐらいふくよかで味わい深い。

バーベキューパーティーの会場は、天売島おらが島活性化会議の代表理事である齊藤暢さんの職場の車庫とその前の歩道だった。会場には、天売小中学校の教頭先生をはじめ、島のいろいろな方も集まり、総勢四十人以上の盛り上がりだ。食べて飲んでいる最中に、釣ったサクラマスを提供してくれる人もいて、すぐさまそれをホイル焼きにしてみんなに振る舞ってくれた。

わたしたちはまだまだ寒い夜空の下で、炭火を囲みながら、生ビールを次々に開け、白ワインを飲み干していった。しかし、翌日も大事な作業がたくさんあるので、遅くなってはいけない。早めにお開きにして、みんなできちんと後片付けをしなくっちゃ。サッカーワールドカップ日本代表のようにね。

〈伐採と集材〉

育成木施業による伐採は、あらかじめ許可申請をした林班内の、トドマツの樹木密度が高い箇所で行っていた。岡村さんの指導で、大学生たちが育成木と伐採木の選び方を教えられ、マーキングを行う。将来に向けて育っていくべき木を育成木とし、その生長を邪魔している木を伐採木として印をつける。

そして、伐採と馬搬の達人、西埜将世さんがチェーンソーで伐採木を伐り倒す。方向を見定めて伐倒するものの、立木の混んでいる林内では、掛かり木になることが多い。掛かり木はとても危険で、労働災害につながる恐れが大きいらしい。しかし、西埜さんは掛かり木にも慣れていて、斜めに引っかかった木の根元近くにワイヤーをかけて、馬の力で引っ張る。馬のカップも、全道そこら中で同様な仕事をこなしているので、慣れたものだ。

伐倒されたトドマツは、チェーンソーで玉切りにされ、フックのついたワイヤーで束にして、馬搬で集められる。そして、丸太は製材に回し、残った枝は薪などに活用される。伐採から掛かり木処理、玉切り、馬搬集材、そして枝葉の整理は、流れるような一連の作業だ。馬搬における人と馬の共同作業は、いつ見ても惚れ惚れしてしまう。

今回は、西埜さんの相棒として、渡部真子さんが参加してくれたので、作業のスピードも効率も数段アップしたようだった。また、カップと一緒にトラックに乗ってきたポニーのハスポンも、カップの真似をして、小径木の集材に力を発揮してくれた。

馬搬集材された丸太は、手の空いているものが集まって、トビなどを駆使して、製材に利用しやすいように並べ、積まれていく。また、切り払われた枝葉は林地内で整理され、薪材になりそうな材は小割されていく。

〈製材と運搬〉

製材機の設置された林道のそばには、以前伐採されたトドマツ材が保管されて、自然乾燥が進んでいた。二〇二二年の製材は、まずその乾燥が進んだトドマツ材から始まった。

しかし、建築現場で必要な材料は、それだけでは足りなかった。正確な製材が必要な材は、厚真町の中川貴之さんにより、あらかじめ製材され、トラックで持ち込まれていた。それでも、まだ十分ではないので、その時伐採されたトドマツ材も必要に応じて製材され、建築現場へと供給される。

必要な材料については、あらかじめ建築現場の宮島さんと松田さんから、製材現場の石山さんに、その規格と本数が知らされていた。そして、朝食時などの顔を合わせる機会に、必要資材の再確認や調整が図られ、伐採〜馬搬〜製材〜建築現場への搬入が円滑に進められた。タイミングが合わない時には、携帯電話の連絡で再調整される。

石山さんはクレーン付きトラックの運転操作にも長けていて、丸太や材を吊り上げ、荷下ろしするクレーン操作から、運搬までも担っていた。まず、玉切りされて積まれた丸太をロープで吊り上げ、方向と位置を確認しながら製材機に載せる。そして製材後には、トドマツ材をクレーン付きトラックで運んで、束ねて建築現場の都合の良い場所に荷下ろしする。

製材作業についても石山さんが流れを取り仕切り、次から次へと必要な材を切り出していく。最初のうちは製材機の調子が上がらず、鋸の部分が頻繁に外れたり、熱を持って不具合が生じたりしたらしい。しかし、それを乗り越えると、以前よりも効率的に動き始めたと、石山さんは満足そうだった。

可搬式製材機による製材では、鋸とそれを回すエンジンの付いた本体を慎重に押していくとともに、丸太を動かないように固定することも大事だ。鋸の様子を見ながら、負担を過度にかけないように切り進み、その動きに合わせながら丸太を押さえ込む。

丸太がきちんと押さえられていないと、鋸の勢いに負けて切り口が歪むこともあるし、鋸の歯が食い込んで止まることもある。負担が大きいと、鋸の歯が外れたり痛んだりすることすらある。丸太が横にずれないようなストッパーを工夫し、鋸を避けながら人力で押さえる必要がある。

〈建築〉

建築現場では、建築設計の達人である宮島さんと、実際に材を組み上げていく達人の松田さんのもとで、柱の上に屋根が形作られていた。設計の段階では宮島さんが主導権を握っていたように見えたが、建築現場では松田さんが「師匠」と呼ばれていた。その場に応じた役割分担ができていたのだろう。

応援プロジェクトは、階層的なチーム構成ではなく、それぞれの達人の得意な分野に合わせ、そのネットワークで機能するシステムができあがっていた。達人たちも他の分野の助っ人に入ることもあり、その時は得意分野の達人の指示に従う。

これは、組織論としてはとても面白いカタチだと思う。優秀で協調性のある達人たちの力と、皆さんの信頼関係のおかげで、精妙なバランスを保っているのだろうか。第三章で述べたような信頼関係に基づく組織において、オキシトシンの善循環による相乗効果が発揮されているような気がする。

二〇二二年の取り組みでは、仕事の内容と期間的制約から、人員が足りないと判断して、二人の建築の達人と助っ人たちが参加してくれた。屋根部の施工は、足場と屋根の上での作業になるため、素人には危険で力になれない。達人たちと助っ人は、流石に慣れたもので、流れるように資材を運び上げ、協力して屋根を仕上げていた。

二〇二〇年に立てた九本の柱は、港側から見ると、中央の一列の三本が高く、両側の二列三本ずつが低めに立てられ、なだらかな切り妻屋根を支えるようになっている。その中央の列の三本の柱の頭にチェーンソーでくぼみがつけられ、棟木が載せられ、金具で固定される。また、両側の低めの柱を横に繋ぐように、小屋梁を載せて、その上に直行させて、屋根の下部を支える軒桁を載せる。

そして、切り妻の三角屋根の頂点に当たる棟木から、軒桁に向けて傾斜させて登り梁を並べて固定する。柱、棟木、小屋梁、軒桁は丸太のままだが、登り梁は角材に加工されている。三十八本の登り梁は断面がそろっていないと屋根の形が歪んでしまうので、事前に正確に製材したものを持ち込んで利用した。現地の可搬式製材機では、材の断面が正確な長方形にならないと、松田さんからはダメ出しがあったのだ。

登り梁が固定された上に、野地板と防水シートが貼られ、そのまた上にルーフィングが施されて屋根が完成した。

ここまでの記述は、現地の写真とネットで調べた屋根構造の説明図に従ったが、読んでいただいてもチンプンカンかもしれない。とにかく、達人たちのワザで、丸太と角材が組み合わされ、金具で留めて、立派な屋根ができあがったのだ。

わたしたちは、その屋根を見上げて、思わず歓声を上げて拍手をした。サウナ付きシャワー小屋と食器洗い小屋では、皮付きの板材を載せて固定しただけの屋根だった。野趣に富んだ板材の屋根もいいけれど、きちんとルーフィングで仕上げた切り妻の屋根は、とても立派に見える。

〈植樹〉

二〇二二年四月三十日、天売島応援プロジェクトとしては二回目の生態学的混播・混植法による植樹が行われた。もちろん岡村さんの指導により、羽幌シーバードフレンドリー推進協議会の方々、そして北大の学生たちが参加した。

二〇二〇年に敷設しておいた防草シートを確認すると、ところどころ破れてはいるものの、しっかり地面を覆っている。防草シートをめくって見てみると、草が枯れて腐っていて、表土は柔らかく、植え穴を開けやすい感じになっていた。

また、二〇二〇年に植栽した苗は、一部枯れているものもあったが、ほぼ順調だった。二〇二一年に確認した時と同じように、中でもエゾニワトコの成長が良く、二メートル近くまで伸びているものもあった。その他に、イタヤカエデやミズナラ、カシワ、イチイなど多様な樹種が地道に育っている。

二〇二〇年の植栽は、前述の通り防草シート敷設と植栽が同時期だったので、苗木と一緒に草本も伸びてしまい、植穴から草が顔を出しているところもあった。あらかじめシートを張って、しっかり草本が枯れた後に植える方が、苗木の成長が良いはずだ。

二〇二〇年に植栽したユニットにおいては、枯れてしまった箇所の補植を行った。枯れた箇所の防草シートの穴をガムテープで塞ぎ、その近くに十字に切れ目を入れて、新たな苗木を植え付ける。その後に、植え穴の周りの切れ目にガムテープを貼って、採石で押さえる。苗木が小さいうちは、競争に負けないように、草の出てきそうな穴を塞ぐ必要がある。

新たに植栽するユニットでは、八角形の防草シートの縁から五十センチメートル離して、八種類の苗を植え付けた。防草シートに十字の切れ目を入れ、そこからポット苗がちょうど入るくらいの穴を掘り、ポットを慎重にはずして苗を植える。そして、苗の周りの防草シートの穴をガムテープで塞ぎ、採石で押さえる。

二〇二二年に植えたのは、留萌ダムの管理所で育てていた苗を含む二十種二百三十五個のポット苗である。二〇一〇年に完成した留萌ダムでは、建設中の二〇〇五年から、ダム工事で出現した裸地に多様な森林を再生させるため、生態学的混播・混植法で植樹を続けてきた。

留萌ダムの管理所では、「留萌ダムタネとり探検隊」として、近隣の小学生たちと一緒に、ダム水源地の自然林からタネを取り、苗を育てた。その植樹が二〇二一年で終了したため、育ててきた苗木を有効に利用して欲しいと、岡村さんに寄贈されたのだ。留萌地域の自然林のタネから育てた苗であり、天売島でも適応できるはずだ。

天売島の植栽参加者たちは、新規植栽ユニットと補植したユニット全てにおいて、植えた苗の位置、樹種、樹高を記録した。その記録をベースとして、将来の成長が検証されていくことになる。

天売島応援プロジェクトの活動内容

〈看板設置〉

二〇二二年の取り組みの中で、学生たちに看板を作成して現地に設置することをお願いしていた。天売島応援プロジェクトとして、実施している活動内容とその意義をアピールするための看板である。

プロジェクトの作業現場は大きく三箇所に分かれていて、過去に建築したものも含めて点在している。訪れた観光客には、それが一連のプロジェクトであることは理解しにくい。そこで、伐採・集材・製材を行った場所、植樹をした場所、シーカヤック艇庫を建築中の場所、そしてキャンプ場の食器洗い小屋、サウナ付きシャワー小屋の五箇所に看板を設置して、全体のプロジェクトをわかりやすく紹介するのだ。

育成木施業箇所の看板設置（2022 年 5 月 2 日）
岩間雄介さん撮影

　学生たちは宮島さんの指導に従って、トドマツの半割の材を横に使って、いろいろな色の塗料を用いて「天売島応援プロジェクト」と描き込んだ。その看板の下には、プロジェクトの内容を説明するための、ラミネート加工したパネルを貼り付けることになった。このパネルは、写真と文字を組み合わせ、プロジェクトの目的と経緯を表わしたもので、来島直前に編集・加工して持ち込んだ。

　看板は、五月二日に石山さんの指導により、学生たちの手で設置された。伐採・集材・製材を行った箇所と植樹箇所は、地面に穴を掘り、二本の杭を打

シーカヤック艇庫の看板設置（2022 年 5 月 2 日）
岩間雄介さん撮影

ち込み、それに取り付ける。三箇所の建築物については、柱や壁に直接貼り付けた。来島した観光客に、このプロジェクトの意義と内容を知ってもらい、少しでも理解が広がっていくことを願っている。

### 〈観光案内とガス欠の恐れ〉

プロジェクトに参加したメンバーの中には、初めて天売島に来た方もいたので、ちょっとした観光ツアーを企画した。こんな風光明媚な島で、作業に明け暮れて帰るだけでは、本当に申し訳ない。天売島は、一周十キロメートル程度であり、観光名所と取り組みの箇所を組み合わせて、一時間程度で回ることができる。

希望者の作業の合間を使って、天候の様子を見ながら、数人ずつ三回に分けて、ワゴン車で案内した。それぞれの現場から天売島を時計回りに一周走って、赤岩展望台、海鳥観察舎では車を降りて歩いてもらう。

まずは、天売島の住まいが集まっている弁天・和浦地区から、天売高校・天売小中学校の前を通って、黒崎海岸を見て赤岩展望台へ向かう。初めてのメンバーは、ウミネコが密集する黒崎海岸を見ただけで歓声をあげて喜んでいた。赤岩展望台の駐車場の周りには、見渡す限り地べたに穴が空いていて、それがウトウの巣だと知ると、また感動がひとしおだ。

赤岩展望台や海鳥観察舎では、海からそびえ立つ崖の壮観な景色が目を引きつける。崖から海上へと多くの海鳥が乱舞していて、しばらく見とれた後、思い出したように写真を撮っている。海鳥観察舎には、望遠鏡が設置してあり、崖のくぼみに営巣する海鳥の姿をじっくり見ることもできる。

それから、天売島応援プロジェクトで進めている各現場に寄って、今までの経緯を説明させてもらった。それぞれが経験していない現場もあるので、複数の現場が繋がってプロジェクトが成り立っていることを、実感して欲しい。

海の宇宙館にも寄って、寺沢さんの美しい海鳥の写真を鑑賞してもらう。そのすぐそばにサウナ付きシャワー小屋やキャンプ場の食器洗い小屋があるので、それらを建築した経緯も合わせて説明する。思い入れたっぷりの活動の成果なので、説明にも力が入ってしまう。

わたしは、そんな観光案内とか、連絡調整とか、メンバーの移動のための運転手役とかで走り回っていた。昼食時には、旅館で作ってもらった握り飯をワゴン車に乗せ、それぞれの作業している現場に寄って、必要な数を配る。森の中の現場で働いている女性メンバーには、時々声をかけるようにしていた。必要があれば、港の公衆トイレに連れて行かなければならない。

そうして走りまわっているうちに、わたしは達人たちとは違い、誰にでもできることばかりに追われているなと思えてきた。まあ、そのとおりでしようがないことなのだけれど、そういう存在も必要なのだ、とわたしは開き直りたい。

メンバーの数が増えれば、その連携を円滑にするための連絡調整の仕事が多くなるのだ。特にこのプロジェクトのように、作業現場が離れながら、有機的な連携が必要な場合はなおさらだ。メンバーからの要請に従って、各現場を走り回っているうちに、昼飯を食べる時間がなくなることもあった。

そんなこんなで、ワゴン車のレンタカーは使用頻度が高く、帰る前日には燃料補給を促す警告ランプが灯ってしまった。そのうえ、夕暮れのウトウの帰巣の乱舞を見たいという希望者が多く、二回もワゴン車で出かけていった。

最終日の午前中は、最後の観光ツアー案内の予定が入っていたが、ガス欠を恐れながら走り回るのは避けたかった。しかし旅館の主人に聞くと、五月三日は祝日で、漁協のガソリンスタンドは休みだという。天候も悪くなっているし、途中で立ち往生したら危険だから、中止するべきだといわれてしまった。

でも、諦めきれずにいろいろな方に相談し、なんとかガソリンを分けていただくことができた。ガス欠にならずに、最後の島巡りツアーをこなして一安心だ。遊んでいるように見えるかもしれないけれど、連絡調整役も大変な仕事なのだ。

〈今後の課題〉

二〇二二年の活動を終え、シーカヤック艇庫の屋根ができあがったので、翌年には壁を張って完成する予定だ。そのために必要な材は、すでに伐採し、林道脇に積み重ねて自然乾燥させている。

シーカヤック艇庫に続く間伐材の有効活用については、まだ何も検討されていない。育成木施業の間伐を続けていくのならば、間伐材を無駄にせず、活用する方法も合わせて考えていくことになる。

今まで育成木施業で間伐を実施してきた箇所については、立木密度がかなり低減されたので、伐採の緊急性はなくなってきた。天売島内の密度の高いトドマツ林は、二〇一八年からの留萌振興局の群伐で、ほとんどなくなってしまった。それ以外で間伐が必要な箇所があるかどうか、現地を確認する必要がある。

育成木施業を行った箇所は、倒木が少なく後継樹となり得るトドマツや広葉樹の稚樹が成育していることが確認された。ただし、二〇一八年の群伐時に搬出路として伐採された部分は、周囲の樹木のダメージが大きく、倒木が進む可能性もある。状況を見ながら、危険を回避するための伐採などの対応も将来必要となるかもしれない。

群伐箇所の状況は、前述の通り、風当たりの激しくなった林縁から倒木が進んでおり、注意していかなければならない。倒木がさらに激しくなる恐れがあるが、対処方法は難しいように感じられる。危険な区域について、あらかじめ伐採するとしても、その伐採自体に危険が伴う。

いずれにしろ、同じトドマツ林で群伐箇所と育成木施業箇所が隣接しているので、施業方法の違いによる森林の変化を検証することができそうだ。冷静に状況の変化をみて、今後の森林整備のために参考にしてもらいたい。

群伐箇所の植栽については、苗の種類とタネの採取場所、植栽方法、マルチングの時期と方法などに問題があることはすでに述べた。これについても、調査を続け、検証していく必要がある。ぜひとも、育成木施業による森林の変化や、生態学的混播・混植法で植栽した苗の成長とも比較して欲しい。

無立木地への生態学的混播・混植法による植栽箇所は、それ以降の植栽の分も含めて除草し、防草シートを設置してある。事前に防草シートを張って、一年以上かけて草の腐植を促し、地面が柔らかくなってから植栽するという流れができてきた。無立木地は面積的には広く残っているので、植栽可能な箇所から地道に緑化していきたいものだ。

天売島における生態学的混播・混植法による植樹では、近隣の自然林からタネを採取し、育てた苗を用いている。二〇二二年は、留萌ダムで育てていた苗を譲ってもらい、植栽に利用した。これからは、プロジェクトの中でタネ採取と苗作りをすることになるだろう。その場合、天売島では自然林はほとんどないので、焼尻島でタネを採取して苗を育て、天売島の植樹に利用することも考えられる。

それから、二〇一七年に完成したサウナ付きシャワー小屋は、材が乾燥したせいか、床や壁の隙間が大きくなって、補修が必要になった。二〇二二年にサウナを利用してみたが、室内温度が八十度ぐらいになるまでに、多くの薪を費やしてしまった。

二〇一八年にも、壁と屋根の間の隙間を塞ぎ、ベンチや床にコンパネを貼って補修した経緯がある。これから小屋全体の隙間風を防ぎ、断熱性を増すために、床下と壁裏に断熱材を入れるなど、補修方法を検討中である。

二〇一九年頃には、天売島にサウナが大好きな方がいて、真冬でもポータブルストーブ二台を持ち込んで、毎日のように楽しんでいたらしい。現状ではポータブルストーブを持ち込んでも、真冬に十分な室温まで上がるのかどうか心配だ。

このような木造手作りの建築物は、補修しやすいというメリットがある。これを設計して作り上げた達人たちが、最良の補修方法を考えてくれている。近い将来には、もっと熱効率の良いサウナ小屋に改修されるはずだ。

天売島応援プロジェクトは、天売島の皆様、関係する諸機関、参加し支援してくださる皆様のおかげで楽しく進んできた。本当は、わたしたちが島に住んで活動するか、島の方々の主体的な活動になることが望ましいのだろう。でも、みんなそれぞれの仕事で忙しいし、当面は今までと同じように応援していく態勢をとらざるをえない。

達人たちの力で、このようなプロジェクトが続き、その成果が他の地域にも影響を与えるようになればと願っている。プロジェクトに参加してくれた学生さんたちが、社会に出て、いろいろな問題に直面したときに、経験したことを少しでも参考にして欲しい。

天売島応援プロジェクトの達人たちが素晴らしいがために、特別なワザを持ったテクノロジストしか達人になり得ないように感じられるかもしれない。でも、ひょっとすると、それぞれが持っている得意な面を活かすことができれば、誰でも達人として活躍できるのかもしれない。

そんな達人が信頼関係の元に集まり、それぞれの長所もしくはワザを披露し、共通の目的のために一歩ずつ進むことができれば、素晴らしいプロジェクトに発展していくだろう。そして、そんなプロジェクトが増えてくれれば、地域が少しずつ明るく、豊かになるんじゃないかな？　あまりに楽観的すぎるかもしれないけれど、そう信じたい。

このプロジェクトを始めた頃は、北海道内のトドマツ林やカラマツ林は過密に育ちすぎてしまい、間伐が間に合わず放置されて荒廃する恐れがあった。伐採する作業員は不足している上に、老齢化していて、作業が危険で追いつかないともいわれていた。伐採ができたとしても、林道整備がままならず、木材運搬の費用が嵩み、経済的にペイしないと諦めの雰囲気が漂っていた。

しかし、国際的な緊張が高まったせいか、円安が進んだせいか、外材に比べて道産材の相対的価格が下がり、全国からの注目が集まっている。そして、必ずしも林道整備をしなくても、架線による集材も進んでいるという。住宅建築用に道産材が多く使われる時代がやってきそうだ。

そして、林業に従事する若者が増加し、森林作業の技術を磨いて、地域で活躍するようになってきたという。都会でサラリーマンになり、満員電車に揺られて通勤し疲れ果てるよりも、森での作業に喜びを見いだす若者が増えてきたのだろうか？　若い森林作業者たちは、いろいろな現場を渡り歩き、好きな時間に森林作業を行い、余った時間を有効に使って豊かな生活を送っているらしい。

時代の変化に合わせて、森林作業を含めて、地域の整備を担う若者たちが育ち、安全で豊かな国土を保全する気運が高まることを心から祈っている。

## 参考文献

〈第一章〉
吉井厚志・岡村俊邦：緑の手づくり―自然に近い森をつくる「生態学的混播・混植法」の成り立ちと広がり、電子書籍、中西出版、二〇一五.
吉井厚志：国土のゆとり―「水辺緩衝空間」を活用して安全で豊かな国土を目指す、中西出版、二〇二〇.
手嶋龍一：スギハラ・サバイバル、新潮文庫、新潮社、二〇一二.
小泉武夫：北海道を味わう―四季折々の「食の王国」、中公新書、中央公論新社、二〇二一.

〈第二章〉
東　三郎：増補改訂版　北海道　森と水の話、北海道新聞社、一九九一.
東　三郎：離島の水源林を育てる―天売島・焼尻島―、社団法人北海道治山協会、一九九八.
東　三郎：環境林をつくる、北方林業叢書、社団法人北方林業会、一九七五.
東　三郎：地表変動論―植生判別による環境把握、北海道大学図書刊行会、一九七九.
東　三郎：低ダム群工法―土砂害予防の論理、北海道大学図書刊行会、一九八二.

〈第三章〉
高橋伸夫：できる社員は「やり過ごす」、日経ビジネス人文庫、日本経済新聞出版、二〇〇二．
ギフォード・ピンチョー：職場に共同体を築く（第四部第一一章）、未来社会への変革―未来の共同体がもつ可能性、加納明弘訳、フォレスト出版、一九九九．
ピーター・F・ドラッカー：ネクスト・ソサエティ―歴史が見たことのない未来がはじまる、上田惇生訳、ダイヤモンド社、二〇〇二．
マーガレット・J・ウィートレー、マイロン・ケルナーロジャース：共同体の逆説と可能性（第一部第一章）、未来社会への変革―未来の共同体がもつ可能性、加納明弘訳、フォレスト出版、一九九九．
ピーター・F・ドラッカー：明日を支配するもの―21世紀のマネジメント革命、上田惇生訳、ダイヤモンド社、一九九九．
ポール・J・ザック：経済は「競争」では繁栄しない―信頼ホルモン「オキシトシン」が解き明かす愛と共感の神経経済学、柴田裕之訳、ダイヤモンド社、二〇一三．
ジョセフ・E・スティグリッツ：フリーフォール―グローバル経済はどこまで落ちるのか、楡井浩一＋峯村利哉訳、徳間書店、二〇一〇．
ピーター・F・ドラッカー：テクノロジストの条件―ものづくりが文明をつくる、上田惇生訳、ダイヤモンド社、二〇〇五．

〈第五章〉
生地正人：傾斜土槽を用いた水質浄化装置及びそれを用いた水質浄化法、日本国特許庁、特許第三〇七六〇二四号、一九九九．
北海道新聞：「天売のキャンプ場に風呂～『おらが島会議』が小屋整備7月完成へ」、北海道新聞五月十三日記事、二〇一七．
〈第六章〉
北海道新聞：「開発局が柳『伐採』」、北海道新聞三月二十一日記事、一九九五．
ペーター・ヴォールレーベン：樹木たちの知られざる生活─森林管理官が聴いた森の声、長谷川圭訳、早川書房、二〇一八．
〈第七章〉
吉井厚志：海外好き公僕技官のビール紀行、中西出版、二〇二一．

# おわりに

わたしは、どうしても「天売島応援プロジェクト」について、現在進行形の経緯をまとめて出版し、多くの方々に知ってもらいたかった。天売島の応援といいながら、一番楽しんで、元気づけられているのは、わたしたちプロジェクトメンバーなのだけれどね。

天売島の美しい自然環境の中で汗を流して働いているだけで、とても幸せな気持になる。天売島の方々は優しくて、会うと必ず素敵な笑顔で挨拶をしてくれる。そして、夏場のウニを始め、美味しいものにも恵まれている。山わさびを添えたヤリイカの刺身、ムール貝より美味しく感じるムラサキイガイ、アワビのフルコース。ガヤの天丼も美味かったな。

でも、せっかくの豊かな自然環境も、居心地の良い社会環境も、集落が存続しているからこそ、楽しめるものなんだ。だから、それを持続させるために、できることから応援していこうと心に決めた。なんか、大げさで押しつけがましく、傲慢に聞こえるかもしれないけれど…。

いずれにしろ、「天売島応援プロジェクト」という、本当にやりがいのある活動を続けることができて、わたしは満足している。毎年、天売島を訪れ、帰る頃には腰を痛めたり、疲労困憊したりしているが、また必ず行きたくなる。そんな風に思える活動は、珍しいかもしれない。

では、いったい「天売島応援プロジェクト」の魅力って何だろう？

離島という限られた空間で、限られた森林資源を有効に活用し、持続できる仕組みを作って、地域のためになる仕事だから？　森を整備するための伐採と植栽、馬搬による集材、可搬式製材機による製材、その材を用いた建築まで一貫しているからかな？

そして、四の五のいわずに、明確な目的の下に実践している充実感が、最も大事なのかもしれない。ＳＤＧｓとか、循環型社会の構築、自然共生など、お題目を唱える前に、とにかく無理せず、無駄や間違いのない方向に一歩でも踏み出したい。少なくとも、今すべきこと、できることを現場で進めている満足感は何物にも替え難い。

そもそも、日本の森林面積は国土の三分の二を占め、樹木は着実に成長している。森林の四割が人工林で、その半分が一般的な主伐期の五十年生を超えているという。日本の森林を守ってきた先達に感謝をする一方で、木材利用の七割を輸入に頼っているのは申し訳ないように思う。だから、国内の森を整備して、木材を活用していかなければならない。天売島の試みは、ほんのちっぽけな抗いに過ぎないけれど、とてもわかりやすいモデルでしょ。

本書では、小難しい理屈よりも、「達人たち」の魅力に焦点を当てたつもりだ。いろいろな方面の達人が、人づてで集まり、それぞれのワザを持って活躍してくださっている。そして、その達人たちが、柔軟に楽しみながら作業を進めることで、プロジェクトが成り立っている。これを「組織」という言葉で表現するのはためらわれるけれど、微妙なバランスのもとに一体として協働している仲間なんだ。

人口減少、高齢化、過疎による集落崩壊など、地方の状況を悲観的にみて、将来の希望を萎えさせる雰囲気が蔓延している。でもね、悲観からは何も生まれないんだ。今すべきこと、できることを目的として明確にし、それに向けて達人たちと力を合わせることから、まずは始めよう。地域で楽しみながら、少しでも良い方向を目指して、一歩ずつ努力していこう。

そう、お楽しみはこれからだし、すべきことはたくさんある！

…私の学者生活は、国家を繁栄させるものについての経済モデルづくりから始まった。そして、初期の研究で、社会が成功を収めるか、貧しいままであるかを決めるもっとも重要な要因は、天然資源の有無、教育や医療の優劣、あるいは国民の勤労意欲の程度でさえないことを実証した。経済的な結果を決めるうえでいちばん重要なのは、じつは信頼性、つまり道徳的な要件なのだ。こう悟ったのがきっかけで、私はモラル分子「オキシトシン」へと行き着いた。

(ポール・J・ザック:経済は「競争」では繁栄しない—信頼ホルモン「オキシトシン」が解き明かす愛と共感の神経経済学、柴田裕之 訳、ダイヤモンド社、二〇一三)

## 謝辞

二〇一一年から北海道羽幌町の天売島と焼尻島を訪れるようになり、現地の皆様に大変お世話になりました。特に、天売島おらが島活性化会議の齊藤暢さん、坂本学さん、宇佐美彰規さんをはじめ、皆様の応援で活動を続けることができました。ご協力に心から感謝しています。

天売島「海の宇宙館」の寺沢孝毅さんには、離島の魅力を教えてもらった上に、二〇一九年の群伐の写真を掲載させていただきました。ありがとうございました。

東三郎先生（二〇一九年ご逝去）のご著書「森と水と島の話」に感銘を受け、その教えを引き継ぐことも目指したつもりです。本書「森と水と島の話」は、そのオマージュのつもりですが、お許しいただけるかどうか心配です。二〇一五年にお目にかかった時には、天売島の森林再生に対する熱い思いを託されました。

天売島応援プロジェクトの達人たち、岡村俊邦さん、石山浩一さん、西埜将世さん、宮島豊さん、松田博さんが、本書の主人公です。そのほかにも多くの達人たち、仲間たちが協力してくれて、プロジェクトが成り立っています。ここに、謝意をお届けするとともに、今後の応援もお願いする次第です。

天売小学校の授業や、天売高校の「天売学」の企画においては、石川県立大学教授の柳井清治さんと東海大学教授の櫻井泉さんに、大変お世話になりました。

サウナ付きシャワー小屋と食器洗い小屋の排水処理施設として、生地正人さんが開発した「傾斜土槽法」を適用し、技術的なご指導をいただきました。ありがとうございました。

以前一緒に仕事をさせていただいた、日野勉さんと池田亮子さんには、第三章の「組織論・マネジメント」について、ご意見をいただきました。お忙しいのに議論に付き合っていただき、感謝しています。

北海道留萌振興局の皆様には、二〇一二年の現地調査の段階から、いろいろな面でお世話になりました。二〇一八年の群伐については、問題点の指摘をせざるを得ませんでしたが、一つの意見として聞きおいてください。これからの現地の様子を見ていけば、わたしたちの主張の意味がご理解いただけると思います。

本書を執筆するにあたり、畑中修平社長をはじめ㈱ハタナカ昭和と萌州建設㈱の皆様のご支援をいただきました。現場の作業や重機の手配なども手伝ってもらい、とても助かりました。

富良野在住半農半画家のイマイカツミさんに、前著「国土のゆとり」と「海外好き公僕技官のビール紀行」に引き続き、表紙絵をお願いしました。素晴らしい水彩画には、イマイさんの生き方そのものがにじみ出ていると、毎度感動を新たにしています。

中西出版の皆様のおかげで、本書の編集を終えることができました。ついつい広がってしまう欲張りな内容がなんとか一冊にまとまりました。どうもありがとうございます。

天売島応援プロジェクトに対して、近自然森づくり協会を通じて、多くの助成金・寄付金などの支援をいただきました。協力・協賛機関について、以下に順不同で記載させていただき、心から御礼申し上げます。一般財団法人　北海道開発協会・留萌観光連盟・一般財団法人　北海道河川財団・北洋銀行　ほっくー基金・独立行政法人　環境再生保全機構　地球環境基金・北海道新聞　野生生物基金・公益財団法人　秋山記念生命科学振興財団・公益社団法人　国土緑化推進機構・公益社団法人　北海道森と緑の会・㈱ハタナカ昭和・㈱堀口組・㈱シー・イー・サービス・㈱シン技術コンサル・㈱森林環境リアライズ・㈱ネオリサイクル。

最後に、好きなことにかまけているわたしを応援（黙認？）してくれている、女房の弥生をはじめ家族たちに感謝しています。儲けにもならない活動に走り回って、身銭を切って出版費用を捻出していることに、ちょっと後ろめたさを感じながら…。でも、行動をためらって後悔するよりも、走りすぎて笑われる方が面白いでしょ。

## 著者略歴

**吉井 厚志**（よしい あつし）

みずみどり空間研究所主宰、農学博士。株式会社ハタナカ昭和取締役副社長、萌州建設株式会社最高顧問・最高技術責任者。

1957年2月20日 博多生まれ。札幌育ち。

1979年に北海道開発庁に採用され、2015年まで河川・砂防・海岸などの公共事業に関する業務や研究に携わる。1988年から1991年までESCAP/WMO台風委員会事務局（在マニラ）に派遣され、東アジアを巡り国際派を気取るようになった。また、通算10年間の研究所勤務の経験から、いっぱしの研究者を装うこともある。

著書に、北海道科学大学の岡村俊邦名誉教授との共著「緑の手づくり」（2015年、中西出版、電子書籍）、「国土のゆとり」（2020年、中西出版）、「海外好き公僕技官のビール紀行」（2021年、中西出版）がある。

**森と水と島の話**
**～天売島応援プロジェクトと達人たち～**

2023年3月31日　初版第1刷発行

| | |
|---|---|
| 著　者 | 吉井厚志 |
| 発行者 | 林下英二 |
| 発行所 | 中西出版株式会社 |
| | 〒007-0823 札幌市東区東雁来3条1丁目1-34<br>TEL 011-785-0737　FAX 011-781-7516 |
| カバー画 | イマイカツミ |
| 印　刷 | 中西印刷株式会社 |
| 製　本 | 石田製本株式会社 |

落丁・乱丁はお取り替えいたします。